Manfred Feulner

Berchtesgadener Geschichte(n)
zweiter Teil
aus alter und neuer Zeit

D1729434

Druck und Verlag:
Berchtesgadener Anzeiger, Vonderthannsche
Buch-Offsetdruckerei und Verlag E. Melcher KG
83471 Berchtesgaden 2004

1. Auflage –2004
ISBN 3-925647-38-4

Inhalt

Seite

Vorwort   7

1. **Die Augustiner Chorherren**   8
Wer waren eigentlich die Augustiner? - Wie wurde man Augustiner Chorherr? -
Das Leben im Kloster - Augustiner Chorfrauen in Berchtesgaden

2. **Berchtesgadens alte Markt- und Bürgerordnungen**   19
Die Bürgermeister - Die Bürgerordnung von 1691 -
Unnuez Gsindl und Rumorer

3. **Schloß Adelsheim**   29
Die Schloßanlage - Zur Geschichte des Schlößchens - Das 18. Jahrhundert:
Die Zeit der Krueger - Im Adelsheim stirbt der letzte Berchtesgadener
Fürstpropst - Vielfacher Besitzwechsel - Verfall und wundersame Rettung -
Das Heimatmuseum

4. **Hilgerkapelle „Maria Dorfen"**   43
Vom Bürgermeister erbaut - Das Wallfahrtskirchlein an der Isen -
Dem Abriß entgangen - Kleine Kostbarkeiten

5. **Gesundheitsgefährdende Mißstände in Berchtesgaden und**   50
Typhus-Epidemie
Verpestende Cloaken Gerüche - Die Gesundheitskommission -
Typhus-Epidemie - Die Kanalisation

6. **Der Berchtesgadener Bahnhof**   59
Mängel des alten Bahnhofs - Neuer Bahnhof und Hauptpost entstehen -
Bauarbeiten und Richtfest - Der Tunnel

7. **Von der Bahnhofstraße und von Trottoirs**   72
Wirtschaftliche Bedeutung der Straßen - Die Bahnhofstraße -
Das Wernert-Eck - Bürgersteig Luitpoldhain-Schachernkreuz

8. **Der Lesesaal**   86
Die Planung - Der Bau - Das Vergnügungslokal

9. **Das Kurhaus**   95
Königliche Villa als Kurhaus - Neue Pläne - Das neue Kurhaus

10. **Freiherr von Barth**   105
Biographie und Verwaltungskunde - Ein Leben im Dienste Berchtesgadens

11. **Königin Marie und Kronprinzessin Marie Gabrielle**   110
    Königin Marie - Die Bergsteigerin - Kronprinzessin Marie Gabrielle -
    Weltreise und Krankheit
12. **Dietrich Eckart Freilichtbühne und Adolf Hitler Jugendherberge**   124
    Wegbereiter Hitlers - Dietrich Eckart-Freilichtbühne - Adolf Hitler
    Jugendherberge - Feierliche Einweihung
13. **Neugestaltung Berchtesgadens in der Hitlerzeit**   135
    Hitlers Interesse an Berchtesgaden - Plan- und Modellausstellung -
    2 Briefe Bormanns
14. **Die Zeit der Entnazifizierung**   149
    Allgemeines - In Berchtesgaden - Einzelne Fallbeispiele
15. **Das Berchtesgadener Sagenspiel**   157
    Eine kleine Heimatoper in drei Bildern - Die Aufführungen -
    Kurze Wiederbelebung nach dem Krieg
16. **1945: Österreich erhebt Anspruch auf Berchtesgaden**   164
    Erste Gerüchte und Forderungen - „Mit Heugabeln und Sensen"
17. **Geschichte unserer Gemeindeverfassung**   170
    Gemeindebildung in Bayern - Die Berchtesgadener Gemeinden -
    Wie Berchtesgaden zur städtischen Verfassung kam -
    Spätere Gemeindeordnungen - Veränderungen in Berchtesgaden
18. **Die Gebietsreform in Berchtesgaden**   176
    1. Die Gemeindegebietsreform - 2. Die Landkreisreform
19. **Das Berchtesgadener Wappen**   186

Vorwort

Nachdem dem ersten Band der „Berchtesgadener Geschichte(n)" so großes Interesse entgegengebracht wurde, hat der Verfasser einen zweiten Band folgen lassen: Dieser Band setzt sich das gleiche Ziel, nämlich an Hand einzelner Aufsätze den Leser miterleben zu lassen, wie die innere Geschichte Berchtesgadens verlaufen ist. Es geht also nicht um die große Politik, sondern um die Entwicklung des Marktes und das Leben der Menschen. Von dem Grundsatz ausgehend, daß Geschichte besonders dann anschaulich und verständlich wird, wenn sie aus unmittelbarer Begegnung erlebt wird, soll so weit möglich und nötig authentisches Quellenmaterial direkt zu uns sprechen. Das Archiv der Marktgemeinde bewahrt in vielen Aktenschachteln und -bündeln Schriften der Vergangenheit auf, die uns teilhaben lassen an den Vorgängen vergangener Zeiten. Für den Historiker ist das kein verstaubtes Altpapier, sondern es sind Blätter, die man mit Respekt, manchmal sogar mit einer gewissen Ehrfurcht in die Hand nimmt: Zeugen der Vergangenheit, Mitteilungen über das Leben unserer Vorfahren, Nachrichten und Geschichten aus früheren Tagen, die uns manchmal mit Bewunderung erfüllen, mitunter aber auch Kopfschütteln und Unverständnis hervorrufen.

Das vorliegende Buch beginnt mit den Anfängen Berchtesgadens und führt uns herauf bis in die unmittelbare, jüngste Vergangenheit. Ja, die Ausführungen beschäftigen sich in erster Linie mit den letzten 150 Jahren. So müssen einige Kapitel auch von der unseligen Zeit des Nationalsozialismus handeln. Hier allerdings wird deutlich, mit welchen Inszenierungskünsten die damalige politische Führung arbeitete, aber auch welcher Druck durch die unteren NS-Funktionäre auf die Bevölkerung ausgeübt wurde.

In allen Kapiteln sollten Tatsachen sprechen, Kommentare und Wertungen sind sehr sparsam eingestreut. Der mündige Leser soll sich seine eigenen Gedanken machen und sein eigenes Urteil fällen.

So hofft der Autor, daß auch dieses Buch gerne in die Hand genommen und gelesen wird.

Die Augustiner Chorherren

Wer waren eigentlich die Augustiner?

Wenn man auf dem geschichtsträchtigen Schloßplatz in Berchtesgaden steht und sich beim Anblick der ehrwürdigen Gebäude, von Stiftskirche, Schloß und Arkadenbau, zurückversetzt in vergangene Jahrhunderte, taucht automatisch die Frage auf, wer waren denn diese Augustiner-Chorherren, die hier 700 Jahre lang Kloster und Schloß bewohnten und die Geschicke des Landes lenkten.

Ideal dieses Ordens, der sich besonders im 11. und 12. Jahrhundert verbreitete, war ein gemeinsames Leben von Geistlichen, also von in klösterlicher Gemeinschaft lebenden Klerikern. Man fand in Augustinus, dem heiligen Bischof von Hippo (gest. 430) und in dessen Schriften den Lehrer für dieses gemeinsame Leben. Man dachte auch an die Gemeinschaft der Apostel und nannte dieses Leben vita apostolica und vita communis. Diese „Augustinerregel" verlangte Gehorsam gegenüber den Oberen, Keuschheit und persönliche Armut. Das gemeinsame Leben folgte einer geregelten Ordnung, und so hießen die Angehörigen dieses Ordens „Regularkanoniker" (kanon: griech. Richtholz, Regel) oder regulierte Chorherren (nach dem gemeinsamen Chorgebet).

Dieses Ideal frommer Menschen, von Männern und Frauen, die in christlicher Liebe in Gemeinschaft lebten, erfaßte die Menschen im 11. und 12. Jahrhundert mit großer Gewalt und war Ausdruck einer starken Welle kirchlicher Erneuerung und christlichen Lebens. Das ist auch zu sehen im Zusammenhang mit dem Investiturstreit, der nicht nur die Kirche beschäftigte, sondern die Herzen der Menschen aufwühlte. Es ging dabei um das Recht der Einsetzung der Bischöfe, das sowohl der Kaiser als auch der Papst beanspruchte. Die Reformbewegung, die von einem tiefreligiösen Geist durchweht war, hatte einen ungeheuren Zulauf: etwa 4.500 solcher Regularkanonikerklöster (besser Stifte) lassen sich im Mittelalter nachweisen, 40 allein in Bayern in der Zeit von 1050 bis 1150. Besonders die Kirchenprovinz Salzburg unter ihrem Erzbischof Konrad I. und das Bistum Passau unter Bischof Altmann waren erfaßt von diesem Reformgeist, so daß dort zahlreiche solcher Klostergründungen erfolgten. In unserer Gegend waren es neben Berchtesgaden selbst noch Baumburg, St. Zeno in Reichenhall, Höglwörth, Herrenchiemsee und das Salzburger Domstift. Das Augustiner Chorherrenstift Rottenbuch hatte in der Gemeinschaft der Reformklöster eine führende Stellung inne, und von dorther kamen die ersten Augustiner Chorherren unter Eberwins Führung nach

Berchtesgaden. Ein besonderer Wesenszug der Augustiner war die geistliche Fürsorge für die Bevölkerung, die Seelsorge. Auch in Berchtesgaden erhielten die Augustiner Chorherren die Seelsorge, die „cura animarum", über die Rodungsbauern, Waldarbeiter und dann auch über die Salinenleute vom Salzburger Erzbischof übertragen. So war Berchtesgaden nicht nur Kloster, sondern auch Seelsorgemittelpunkt. Nicht immer jedoch, nicht während der gesamten 700 Jahre währenden Herrschaft des Stifts über das Land, blieb die idealistische Einstellung der religiösen Erneuerungsbewegung der Gründungszeit erhalten.

Die fromme Stifterin des Klosters war Gräfin Irmgard, Tochter des Grafen Cuno von Rott. Aus ihrer ersten Ehe mit dem um 1070 verstorbenen Grafen Engelbert stammte das riesige Wald- und Gebirgsland bis hin zum Königssee, das sie in eine spätere Ehe mit dem Grafen Gebhard von Sulzbach als Morgengabe einbrachte. Die unsicheren Zeiten mit ihren Fehden, Kriegen und Krankheiten, denen so viele Menschen zum Opfer fielen, mochten sie zu diesem Entschluß gedrängt haben, wie ja damals die Gründung von Kirchen und Klöstern frommer Brauch adeliger Geschlechter war. Berengar von Sulzbach, Sohn Irmgards aus dieser Ehe, setzte dann um 1102 die Gründung Berchtesgadens in die Tat um.

Berchtesgaden, Blick auf Schloß, Stiftskirche, Pfarrkirche und Rathaus

Die weitreichende Welle tiefgreifender Frömmigkeit jener Zeit erfaßte vor allem auch die Frauen und ließ auch für sie das christliche Gemeinschaftsleben als Lebenswunsch erscheinen. Ja, die Reformbewegung konnte sich die vita communis ohne Frauenklöster gar nicht vorstellen. Sie gewährte den Frauen darin einen besonderen Ehrenplatz, hatten sie doch unter dem Kreuz Christi bis zum Schluß ausgeharrt. Die urchristliche Gemeinschaft, nach der sich diese Reformkirche richtete, hatte auch die Frauen miteinbezogen. So wurden in dieser Frühzeit meist Doppelklöster gegründet, so auch in Berchtesgaden.

Wie wurde man Augustiner Chorherr?

Wollte ein junger Mann in das Stift als zukünftiger Chorherr aufgenommen werden, so mußte er zunächst zwei Grundbedingungen erfüllen: er mußte ehelich geboren und aus adeligem Geschlecht sein. Bei seiner Adelsprobe mußte der Bewerber acht entsprechende Ahnen nachweisen, je vier von väterlicher und mütterlicher Seite. Später, im 18. Jahrhundert, mußten sogar 16 Ahnen (von jeder Seite acht) vorgezeigt werden. Der Übergang von der adeligen Lebensweise, mit entsprechender Kleidung, Bewaffnung und gesellschaftlichen Ansprüchen in die weitgehend asketische Lebensform eines monastischen Lebens, fiel sicher manchem Anwärter nicht leicht. Nachdem er von Konvent und Propst angehört und für gut befunden worden war, trat er als „Novize" in das Stift ein. Die Aufnahme richtete sich auch mitunter nach dem „Bedarf", denn im Idealfall sollten es 12 Kapitulare sein, wie es 1581 festgelegt wurde. Die Zahl schwankte aber sehr. Um 1300 ware es bis 24, später waren es im Durchschnitt 10.

Nun trat der Bewerber als Novize für ein Jahr auf Probe in das Kloster ein. Ein als Novizenmeister bestimmter Kapitular unterrichtete ihn in der Regel des hl. Augustinus und in der klösterlichen Lebensweise, so z.B. im Meditieren und im Gesang. Er lebte in einer eigenen Zelle, getrennt von den Chorherren, mußte aber an deren Messen teilnehmen und morgens und abends geistliche Gespräche führen. In diesem besonders strengen Probejahr sollte es sich erweisen, ob der Novize mit dem Eintritt in den Orden die richtige Entscheidung getroffen hatte. Nach diesem Jahr war ein Austritt aus dem Kloster nicht mehr möglich. Nicht jeder Bewerber suchte aus eigenem Antrieb und innerer Berufung die Aufnahme in das Kloster, sondern manch zwei- und drittgeborenenen Söhne sahen im Leben als Kapitular eine angemessene lebenslange Versorgung. Es gab tatsächlich eine ganze Reihe von jungen Adeligen, die vor Vollendung des Novizenjahres dem Kloster wieder den Rücken kehrten. Offenbar untauglich für das Leben als Chorherr war z.B. jener Novize, der dem Küchenmädchen schöne Augen machte, einige Pferde entwendete und sich irgendwo verlustierte. Auch das gab es also.

Der Kandidat sollte aber auch wenn möglich dem verschuldeten Stift etwas Geld zubringen können. So finden wir im 18. Jahrhundert die Forderung an den Novizen, 2.500 Gulden als „Aufnahmegeld" zu entrichten. Auch sah man es gerne, wenn der Kandidat in einem Testament dem Konvent eine gewisse Summe in Aussicht stellte. Das alles zeigt aber auch, daß, besonders in späteren Zeiten, die Verpflichtung zur persönlichen Armut nicht gar so streng eingehalten wurde.

Den endgültigen Ausschlag für die Aufnahme nach dem Novizenjahr sollte vor der Zulassung zum feierlichen Ordensgelübde, der Profeß, die wirkliche Eignung für das Klosterleben geben, also die positive Beurteilung von geistiger Begabung, Charakterstärke und Tugend. In späteren Jahrhunderten gab es Novizen, die bereits erfolgreich ein Universitätsstudium absolviert hatten. In den Statuten des 18. Jahrhunderts geht hervor, daß nach der Profeß drei Jahre lang Theologie und Recht an einer berühmten Universität, z.B. in Ingolstadt, Dillingen, München, Wien, Rom, später auch Salzburg, studiert werden mußte. Die Priesterweihe erfolgte durch den Salzburger Erzbischof.

Nach der feierlichen Profeß, die meist mit einem Fest begangen wurde, wurde der Novize zum „Domicellar" befördert, aber den Kapitularen noch nicht gleichgestellt. Für die weitere Ausbildung sorgte ein „Präzeptor". Wenn der Domicellar auch noch nicht Sitz und Stimme im Kollegium der Kapitulare, dem Konvent, besaß und noch eine Zeit von drei Jahren darauf warten mußte, so durfte er von nun an das Kloster nicht mehr verlassen. Nach der Zeit als Domicellar wurde er Kapitular und als Vollmitglied in den Konvent aufgenommen.

Das Leben im Kloster

Das Leben eines Chorherren im Stift Berchtesgaden war bei sorgfältiger Beachtung der Statuten und des vorgeschriebenen Tagesablaufs eigentlich recht streng und erforderte Zucht, Disziplin und selbstverständliche Unterordnung. Ja man kann von einer spartanischen Strenge dieses Lebens sprechen, und das wird besonders deutlich, wenn man bedenkt, daß in alten Zeiten nur ein einziger heizbarer Raum vorhanden war. Der Tag begann um Mitternacht mit dem Gotteslob, zu dem sich die Chorherren vor dem Altar versammelten. Sie mußten angekleidet schlafen, damit sie beim gegebenen Glockenzeichen sofort, ohne Säumen, zum Gebet eilen konnten. Zuspätkommen und andere kleinere Fehler, Schwächen und Nachlässigkeiten, wie Unaufmerksamkeit, zu leises Beten bzw. Singen u.ä., wurden mit dem Entzug der Speisen und anderen, selbst körperlichen Strafen, geahndet. Bei Tagesanbruch ertönte wieder das Zeichen zum Aufstehen und gemeinsamen Gebet. Geistliche Lesung, Messe, Lesung im Kapitelsaal und Gebet folgten, und erst danach war das absolute Schweigegebot aufgehoben, und eine Stunde lang wurde über geistliche Themen gesprochen. Nachdem man sich wieder in der Kirche zu Gebet, Gesang und Amt getroffen hatte, gab es das Mittagsmahl, das gemeinsam im Refektorium „bloß zur Notdurft, nicht zum Vergnügen" eingenommen wurde. Das hat sich natürlich später auch geändert, und es gab dann auch aufwändigere und schmackhafte Mahlzeiten. In der Mehrzahl der Tage gab es nur diesen einen Imbiß, selten und nur an besonderen Tagen auch ein Abendessen.

Romanischer Kreuzgang, Stiftskirche Berchtesgaden

Nach der Mittagsruhe folgten wieder Gebete, Gesang und Lesung, bis es Zeit war zur gemeinsamen Nachtruhe im Dormitorium.

Das war weiß Gott kein einfaches Leben, zu dem sich verwöhnte Adelige entschlossen. Es ist daher zu verstehen, daß wiederholt im Verlauf der nächsten Jahrhunderte der Versuch der Kapitulare nach Lockerung der strengen Regeln unternommen wurde. Schon ein halbes Jahrhundert nach der Gründung wurde vom Papst das Stift zur „Aufrechterhaltung der Klosterzucht und zur Eintracht" ermahnt. Um die Mitte des 14. Jahrhunderts scheinen die adeligen Herren der strengen Klosterzucht überdrüssig geworden zu sein. Das geht daraus hervor, daß ihr Beichtvater, der Salzburger Domdekan, die Erlaubnis erhielt, den Chorherren die Absolution auch für die Vergehen und Sünden des Waffentragens, des Verlassens von Kloster und Klausur, der Gehorsamsverweigerung, des Tragens unerlaubter Kleider und des Haltens von einer oder mehren Konkubinen zu gewähren.

Vor allem unter Propst Ulrich Wulp (1377-84) kam es zu schweren Meinungsverschiedenheiten, ja Unruhen, im Kloster. Die Chorherren sahen sich durch Pläne und Anstalten des Propstes, die Klosterdisziplin zu bessern, in ihrer Lebensführung beeinträchtigt. Der Streit eskalierte derart, daß sie ihren Propst in den Kerker sperrten und zur Abdankung zwangen. Hundert Jahre später, um 1500, zeigten sich Anzeichen für eine Auflösung des gemeinsamen Lebens im Kloster. Es gab Kapitulare, die nicht mehr mit den anderen im Refektorium speisen wollten, und auch das gemeinsame Nachtlager im Dormitorium verabscheuten sie. Wiederholt ergab sich eine kaum zu überwindende Differenz zwischen den strengen Vorschriften der Ordens- und Klosterregel und der oft sehr weltlichen Lebensführung der adeligen Herren. Propst Jakob Pütrich (1567-1594) machte in einer „Verpflichtungserklärung" dem Kapitel besondere Zugeständnisse. Die Kapitulare waren sehr an größeren Freiheiten und auch Geldzuweisungen interessiert und besaßen eigene Wohnungen, Geld- und Barmittel und vergnügten sich nach adeligem Brauch und Herkommen mit Waidwerk und bei Fischfang.

Es ist verständlich und vielleicht ganz natürlich, daß die Kapitelherren, oft auch den Zeitläufen entsprechend, das gemeinsame klösterliche Leben aufgaben bzw. aufzugeben versuchten und mehr als Weltpriester in eigener Verantwortung und Selbständigkeit leben wollten. Sie wünschten auch das Leben eines adeligen Herren zu führen, mit entsprechender Anrede (der Kapitular Leubelfing ließ sich als Herr Graf titulieren

1694). Als adeliges Standessymbol gehörte auch die Beibehaltung des Familiennamens, die Führung des Wappens und das Tragen des Degens dazu. Unter dem in Köln als Kurfürst residierenden Propst Joseph Clemens (1688-1723) aus dem Hause Wittelsbach kam es zwischen dem so weit entfernt lebenden Propst und dem sich sehr selbständig fühlenden und handelnden Kapitel zu größeren Spannungen und Differenzen. Ein den Berchtesgadenern aufgezwungener und sehr ungünstig, ja feindlich gesinnter Kommissär (Domdekan von Neuhaus) berichtete von Mißwirtschaft und unwürdiger Lebensführung der Chorherren. Was wirklich dran war, ist heute nicht mehr genau feststellbar. Das Kapitel - es waren nur 5 Kapitulare - nahm die Anklagen nicht ruhig hin. Dekan von Rehlingen widerlegte die Vorwürfe schriftlich, wobei er auch notariell beglaubigte Erklärungen der angesehensten Bürger Berchtesgadens beifügte. Joseph Clemens aber ließ sich dadurch nicht beeindrucken und erließ ein Reformdekret aus Köln, das den Kapitularen, die in Privatwohnungen mit Dienerschaft wohnten, wieder echtes gemeinsames Klosterleben verordnete. Es wurden ihnen auch die „Lustpartien nach St. Bartholomä, besonders mit den Frauen der Beamten", verboten. Als Ergebnis dieses Streits, der noch weiter ging und in den auch Papst und Kaiser eingeschaltet wur-

Schloßplatz mit Arkaden (erbaut 1541-67)

den, faßten die Chorherren den Entschluß, keinen Wittelsbacher Prinzen mehr, sondern wieder einen aus ihren eigenen Reihen als nächsten Propst zu wählen.

Dies alles darf nicht darüber hinwegtäuschen, daß das Berchtesgadener Chorherren-Kapitel sich über viele Jahrhunderte eines hervorragenden Rufes erfreute. Während z.B. das Salzburger Domstift sich 1514 säkularisierte, hielt Berchtesgaden bis zur Auflösung des Klosters 1803 an der strengen Augustiner-Chorherrenregel fest. Als Beleg für den hohen Bildungsstand und als Indiz für das weithin geltende Ansehen, dessen sich das Berchtesgadener Stift erfreute, gilt die ehrenvolle Berufung mancher, ja vieler Mitglieder des Berchtesgadener Kapitels an die Spitze auswärtiger Stifte und Bischofssitze. Die meisten Berchtesgadener Pröpste entstammten dem eigenen Kapitel, eine ganze Reihe Berchtesgadener Kanoniker wurden zu Pröpsten von Höglwörth gewählt. Es wäre eine ganze Liste, wollte man all die Namen von Berchtesgadener Chorherren aufzählen, welche die Leitung dieses Klosters übernahmen. Propst Heinrich I. war von 1174-77 Erzbischof von Salzburg und anschließend Bischof von Brixen (1178-96), Propst Torer (1384-94) war Bischof von Lavant und der Kapitular Johannes Ebser wurde 1429 Bischof von Chiemsee, und diese hohe Würde erlangte als weiterer Berchtesgadener Chorherr 1453 Ulrich Plankenfelser. Schließlich war der letzte sehr angesehene Berchtesgadener Propst Konrad von Schroffenberg, der auch aus den eigenen Reihen stammte, auch Bischof von Regensburg und Freising.

So mag am Schluß dieser Betrachtung die Erkennnis gelten, daß das Augustiner Chorherrenstift Berchtesgaden in den 700 Jahren seines Bestehens Höhen und Tiefen erlebte, daß aber jedem Niedergang irgendwann wieder ein Aufstieg gefolgt war, und gerade dem letzten Fürstpropst war nicht nur Liebe und Achtung seiner Untertanen in reichem Maß zuteil geworden, er genoß Ansehen und Anerkennung im weiten Umkreis und im Gefüge des Deutschen Reiches.

Augustiner Chorfrauen in Berchtesgaden

Wie in jener fernen Zeit üblich, wurde auch in Berchtesgaden nicht nur ein Augustiner-Herrenkloster, sondern parallel dazu auch ein Frauenkloster gegründet. Über die genaue Gründungszeit, wie auch über die Anfänge und sonstigen näheren Umstände wissen wir nichts, aber schon aus der ersten Hälfte des 12. Jahrhunderts, ja aus der

Zeit Eberwins, haben wir Nachrichten davon. Als früheste Angehörige des Chorfrauenkonvents ist (s. Kramml, Geschichte von Berchtesgaden, Bd. I, S. 60) Judith von Hilgartsberg überliefert. Sie trat zwischen 1125 und 1136 in das Berchtesgadener Frauenkloster ein. Sie war die Tochter des Azelin de Hiltigerspergh und starb an einem 17. Juni. Des weiteren ist bekannt, daß eine Diemot von Pleinting, wohl die Tochter der Edlen Adelheit von Pleinting, vor 1136 ins Frauenkloster in Berchtesgaden eintrat. Die wesentlichen Aufgaben dieser Chorfrauen (Kanonissen) die im großen und ganzen nach denselben Vorschriften lebten wie die Männer, waren Gebet und Handarbeit. Sie folgten ihrem Wunsch, ein gottgeweihtes, frommes Leben zu führen. So wird von Judith (Iudita) berichtet, daß sie „dort im gemeinsamen Leben weilt", und von Diemuoth (Diemot) hören wir „sie führt dort einen heiligen Lebenswandel." Die religiöse Erneuerungsbewegung des 11. und 12. Jahrhunderts hatte auch die Frauenwelt erfaßt. Die Kanonissen stammten ebenso wie die Männer aus adeligen Geschlechtern, so finden wir aus dem Gründungsjahrhundert noch Adelheid Gräfin von Ortenburg (Eintritt 1188) und Adelheid von Puchheim (1197).

Aus dieser Anfangszeit des Klosterlebens in Berchtesgaden aus der ersten Hälfte des 12. Jahrhunderts werden noch genannt - die Namen erscheinen in Schenkungsurkunden oder in Nekrologen - zwei Schwestern der Familie de Poumgarten (Baumgarten), eine Schwester Wolframs von Thalmässing und die Gattin Meginhards von Rotthof. Beim Eintritt der Frauen in das Kloster machten die Familien vielfach Schenkungen an das Kloster. Die Gattin Meginhards von Rotthof, Juditta, war wie ihr Mann ca. 1131-35 in das Kloster eingetreten. Sie schenkten dem Kloster zahlreiche Weingärten und Hufen in den verschiedensten Gemeinden, speziell auch an die Kirche in Königssee (S. 376 Gesch. v. Berchtesgaden). Ebenfalls sind Schenkungen der Familien Baumgarten und Wolfram von Thalmässings bekannt.

Insgesamt sind es etwa 40 Namen von Chorfrauen, die aufgeführt werden (s. Kramml), und auch die Namen einer ganzen Reihe von Laienschwestern sind überliefert. Jedenfalls aber war der Augustinerinnen Konvent nicht recht groß, sondern bestand nur aus wenigen Frauen. Unter den Chorfrauen finden sich mitunter Verwandte der Chorherren, so etwa Anna Praun oder Anna Pretschlaipfer, die Verwandte der Pröpste Johannes Praun (1432-46) und Erasmus Pretschlaipfer (1473-86) und selbst Vorsteherinnen ihres Frauenklosters waren. Dieses Frauenkloster hatte seinen Platz für mehr als 200 Jahre im heute noch so genannten „Nonntal", an der Stelle des heutigen Hauses Nr. 13. Vielleicht war es sogar der Ausgangspunkt zur Besiedlung dieses Wohngebietes nördlich des Männerklosters. Eine eigene Kirche bestand im Nonntal nicht. Die Frauen hatten wohl nur einen Betsaal, sonst mußten sie in die Stiftskirche gehen.

Franziskaner Platz (Foto 1908)

Um 1400 erfolgte der Umzug ins Frauenkloster am Anger, das wohl Ende des 14. Jahrhunderts entstanden war. Um 1400 wird von Instandsetzungsarbeiten am Angerkloster berichtet („datz paw zu Berchtesgaden an dem frawn Chloster"), es wurde jedenfalls für den Einzug der Kanonissen hergerichtet. Warum der Umzug erfolgte, kann nur vermutet werden. Vielleicht erschien die Steinschlaggefahr am Fuße des Locksteins zu groß, vielleicht war auch die Straße mit ihrem Fuhrwerksverkehr zu unruhig geworden. Auch von einer Zwischenlösung der Unterkunft im Bereich des „Goldenen Bären" ist gelegentlich die Rede. Franz Martin glaubt, daß der Umzug erst unter Gregor Rainer (1508-1522) erfolgte.

Um 1500, unter Propst Gregor Rainer, entstand die Klosterkirche am Anger, deren Bau wohl um 1519 beendet war. Die Klosterkirche (heute Franziskanerkirche) weist zwei parallele Schiffe auf. Vielleicht war das südliche als Kloster- und das nördliche als

17

Laienkirche gedacht, wobei beide durch eine Holzwand getrennt waren. Bald nach der Errichtung der Kirche scheint das Frauenkloster ausgestorben zu sein. Unter Propst Wolfgang Griesstätter (1541-67), im Jahre 1564, wurde es mangels Nachwuchses aufgelöst. Dieser Propst liebte diese Kirche ganz besonders und bestimmte sie zu seiner Grablege. Für seinen Lebensabend hatte er sich das Kloster am Anger ausersehen.

Wenn auch 1564 das Ende des Berchtesgadener Frauenkonvents gekommen war, so hatte er doch weit über 400 Jahre lang kontinuierlich und ohne Unterbrechung bestanden, weit länger als andere vergleichbare Frauenklöster des Augustinerordens. Nach Kramml ist auch dies ein Beweis für die außerordentliche Bedeutung Berchtesgadens und seines Augustinerklosters.

Berchtesgadens alte Markt- und Bürgerordnungen

Ein Marktflecken ist eine Ortschaft, die kleiner als eine Stadt, aber größer als ein Dorf ist. Dabei ist „Markt" ein Begriff, der verschiedene Bedeutungen besitzt. Das Wort Markt kommt von lat. Mercatus und hieß ahd markät. Zum einen versteht man unter Markt einen öffentlichen Warenverkauf, z.B. einen Jahrmarkt, oder, wie es in einer wissenschaftlichen Definition heißt: das „Zusammentreffen von Käufern und Verkäufern an bestimmten Plätzen, zu bestimmten Zeiten und nach einer festen Ordnung zum Abschluß von Geschäften." Im Mittelalter wurden Märkte oft an bestimmten geeigneten Plätzen gegründet, so z.B. an günstigen Verkehrspunkten, im Schutz und zu Füßen von Burgen, im Nahbereich von Klöstern. Vielfach entstanden aus florierenden Marktflecken Städte und größere Siedlungen. Das Marktrecht wurde als königliches Regal verliehen.

Berchtesgaden mit Watzmann

Der Markt Berchtesgaden ist seiner Größe nach eine recht bescheiden gebliebene Ansiedlung. Seine Größenentwicklung war von vornherein begrenzt durch die örtlichen geographischen Verhältnisse und die geringe Größe des Klosterstaates und dessen fehlenden Entfaltungsmöglichkeiten. Es gibt keinen Hinweis darauf, daß Berchtesgaden das Marktrecht ausdrücklich verliehen wurde. Der Ort wurde allmählich auf Grund seiner Mittellage und der zentralörtlichen Funktion, vor allem auch durch die unmittelbare Nähe zum Herrschaftsträger, dem Augustiner Chorherrenstift, zum „Markt". So nimmt es nicht wunder, daß die erste Bürgerordnung von 1567 als den „Gmainen Marckht Berchtersgaden betreffend" betitelt wurde. Und als Begründung, warum nun eine solche Ordnung erlassen wurde, heißt es „Vermerckht was im Landt Berchtersgaden von wegen allerlay gemaines Marckhts Notturft und Anliegen fürtzenemen, zuberathschlagen, auch jerlich zeöffen von Nöten ist." Von jetzt an ist Berchtesgaden ein Markt - wie übrigens auch Schellenberg, das aber wegen seiner etwas abseitigeren Lage und nach Auflösung der Saline den Wettbewerb mit Berchtesgaden verlor.

Die Bürgermeister

Im Berchtesgadener Gemeindearchiv gibt es Unterlagen über drei Markt- und Bürgerordnungen, nämlich die von 1567, von 1618 und 1691. Daneben liegen Zusatzbestimmungen und Änderungsvorschläge vor, die aber am Grundbestand kaum etwas veränderten. Während die zwei Nachfolgeordnungen in ihren Hauptteilen deutlich auf der ersten Ordnung von 1567 basieren, aber doch wesentlich erweitert wurden, wirft die erste Ordnung von 1567 doch einige Fragen auf. So ist nicht ersichtlich, wer nun für dieses bürgerliche Grundgesetz verantwortlich zeichnet, wer es also erlassen hat. Sicher war es die fürstliche Regierung, die hier ihre Vorstellung vom rechten Zusammenleben der Bewohner in Gesetzesform brachte, sicher aber sind dabei schon bisher geübte Gepflogenheiten und Traditionen eingegangen. Interessant ist, daß das Erlaßjahr 1567 zusammenfällt mit dem Jahr, in dem der Fürstpropst Jakob II. Pütrich (1567-1594) seine Regierung antrat. Offenbar schien es ihm wichtig, eine Ordnung zu erlassen, die sicher manches Neue enthielt, aber auch altes Herkommen weiterführte. Schon der erste Punkt, der von den Bürgermeistern handelt, beweist dies, denn es heißt, daß „die zwen Burgermeister, was sie bißher von gemaineß Marchts wegen gehandlt ..." Offenbar waren schon seit längerer Zeit zwei Bürgermeister im Amt. So ist als erster namentlich bekannter Bürgermeister aus dem Jahre 1541 Andre Frech genannt, und 1547 erfahren wir von einem zweiten Bürgermeister Hans Hölzl. Die „Doppelbürgermeister" waren geradezu ein Markenzeichen für Berchtesgaden. Sie wurden von der Bürgerversammlung „erkhiest und gesetzt" und „sollen geloben, des Marckht Nuz und Frommen zefürdern und Schaden zewenden." In den nächsten Jahrhunderten wurden die Bürgermeister vor allem aus den Reihen der Verleger gewählt, nur gelegentlich war es ein Wirt (Neuhaus-, Leithauswirt), oder ein Handwerker (Hofschmied, Hofschneider, Hofbader).

Berchtesgadener Markt- und Bürgerordnung von 1618

Während heute der Bürgermeister, gestützt auf die Mehrheit im Gemeinderat, weitgehend die Gemeindepolitik bestimmt, hatten die Bürgermeister der früheren Jahrhunderte in erster Linie nur Aufsichts- und Kontrollfunktionen. Obwohl also ihr Aufgabenbereich begrenzt war, war es doch eine herausragende Position, die sie einnahmen, und so kamen sie auch weitgehend aus gehobenen sozialen Schichten.

Ein besonderes und sehr wichtiges Aufgabenfeld für sie war die Verantwortung für die Reinlichkeit im Markt: „Die Bürgermeister sollen auch alle Durchgeng, Gassen und Weg in gueter Verwarung halten ..." Auch den „Traidtkauf" müssen sie überwachen, ebenso die „Peckhnordnung" (Bäckerordnung). Hier mußten sie darauf achten, daß sie richtig eingehalten wurde, vor allem auch, daß „das Prot Waizes und Rockhes nit mit geringem Gewicht" verkauft wurde. Bei „außlendischen Cramer" mußten sie 1 Gulden Standgeld erheben. Bei vielen anderen Gelegenheiten hatten die Bürgermeister ihre Pflichten zu erfüllen, so daß wir feststellen müssen, daß ihr Amt doch von großer Bedeutung und nicht immer einfach war.

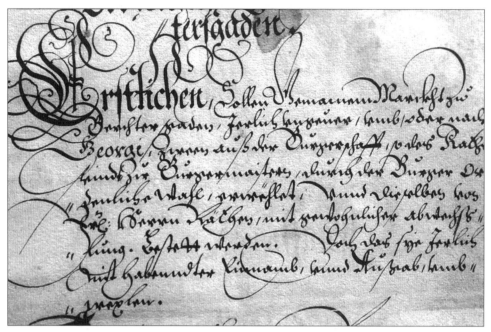

Erster Punkt der Markt- und Bürgerordnung, die Wahl der Bürgermeister betreffend

Etwas genauer geht die Marktordnung von 1618 auf die Wahl der beiden Bürgermeister ein: „Jerlich ungever, umb oder nach Georgi" werden „zween auß der Burgerschaft, so des Raths seindt, zu Burgermaistern durch der Burger ordenliche Wahl, erwählet ... und von Frl. Herren Räthen mit gewohnlicher abwechßlung Bestellt werden ..." Es war auch festgelegt, „das sye Jerlich mit habendter Einnamb unnd Außgab umbwexlen." Sie mußten auch „in Beisein Frl. Lanndtgerichts, unnd der ganzen Burgerschafft, ires einnembens, unnd außgebens, ordentliche Raittung thuen ..." Ohne „Wissen und Consens" der Obrigkeit durften sie „nichts würckliches schliessen, noch verordnen." Obwohl ohne Zweifel gewisse demokratische Elemente vorhanden waren, wie vor allem bei der Wahl der Magistratsräte und Bürgermeister, geschah alles nur unter Aufsicht, Kontrolle und mit Erlaubnis der Obrigkeit.

Die „Berchtesgadener Markt- und Bürgerordnung von 1691" fußte auf der Ordnung von 1618 und übernahm vieles wortwörtlich, wurde aber in den 57 Artikeln noch wesentlich ausführlicher. Dabei enthielt die Ordnung die Bestimmung, daß ihre Artikel bei der Bürgerversammlung „in Beysein eines oder zweyer fürstl. Commissariis abgelesen" wurden. Bei der Bürgerversammlung war es Pflicht zu erscheinen, wer ohne „erhebliche Ursachen fehlte, solle gestrafft werden." Die Bürgerrechte wurden „allein auß gnaden und widerrueffen gewilliget."

Die Bürgerordnung von 1691

Beschäftigen wir uns noch etwas näher mit dieser Bürgerordnung von 1691 und einigen Artikeln. Natürlich war die Bewahrung des Marktes vor einem verheerenden Feuer ein besonders wichtiger Punkt. Die beiden Bürgermeister und das Landgericht waren angewiesen, „alle Quatember gewiß", aber auch „effters und unversehens" Kontrollgänge durchzuführen, während die Einwohner immer, besonders aber „zu trukkhenen Zeiten und gewohnlicher Jahr-Märckhten mit Wasser zu fürkhommender Fewers-Noth versehen seyn."

Eine große Rolle spielten - wie oben schon kurz angeführt - Bestimmungen, welche die Sauberkeit des Ortes gewährleisten sollten. Daraus ist andererseits ersichtlich, welch unschöne und auch gesundheitsschädliche Gewohnheiten, besser gesagt Unsitten, bei der Einwohnerschaft üblich waren. „Khainer under den Burgern oder Inwonern solle bei dem Marckht weder Mist noch Holz zum Lengsten yber 3 Tag auf dem Platz oder bey denen Häusern ligen lassen." Der „aufkherte Mist" sollte „an die gewohnliche Orth hinter den Fleischpänckchen in den Graben getragen werden." Die Leute im Nonntal sollten sich nicht „gelusten lassen, den S.V. (Salve Venia = Mit Verlaub zu sagen) Mist yber die Maur in die Pfarrerpoint zu werfen" - alles natürlich „bei ernstlich Straff." Besonderes Augenmerk galt den Prunnstuben, die „sauber blayben" mußten, d.h. es durfte dort nicht gewaschen, sondern nur Wasser geholt werden. Daneben mußte die „gewöhnliche Waschstätt geböhrlich und mit Sauberkeit unterhalten" werden. Jedem Bürger war aufgetragen „das negst an sein Haus liegende Pflaster" selber sauber und in Stand zu halten. Ein eigener Artikel befaßte sich mit der „Raumbung des Klosterpachs."

Natürlich mußte die Versorgung der Bevölkerung im dichtbewohnten Markt mit genügenden und gesunden Lebensmitteln gewährleistet werden, so vor allem mit Mehl, Brot, Fleisch und allen sonstigen Naturalien und Waren. Allein acht zum Teil sehr ausführliche Kapitel beschäftigen sich mit den Metzgern. „Die Metzger anbelangt, welche Vich auf den Khauff schlachten und stechen, sollen es in freyer Panckh und nit beym Hauß thun." Das Vieh wurde also mitten im Ort bei den Metzgerläden in der Metzgergasse bzw. an der Pruggen beim Triembacher geschlachtet, mit all den Zutaten, dem Gebrüll der Tiere, dem Geschrei der Menschen, dem Gebell der Hunde usw. Es war wieder die Aufgabe der Bürgermeister, das geschlachtete Vieh zu besichtigen, gewissermaßen die Fleischbeschau durchzuführen. Sie mußten zusammen mit dem Landgericht bei „Schäffens, Rindt- und Khüefleisch die gebührliche Tax" festsetzen. Stierfleisch sollte einen geringeren Preis haben. Es sollte auch „gar zu ybermässige Zuwag bey vorbehaltener Straff verbotten seyn." Die Metzger durften nicht „ausser Landt" verkaufen, und außer Innereien und für den eigenen Bedarf zu Hause nichts von der Schlachtung kochen. „Nit taugsam" Vieh durfte nicht verwendet werden, „damit sowohl der Armb als der Reich umb seinen Pfennig was Nuez und Guetts zu bekommen habe." Auch Kälber, jünger als 14 Tage, durften nicht geschlachtet werden, was „nit allein wider Handwerckhbrauch sondern auch dadurch ungesundt - und Krankheiten entstehen mechten."

Auch die Schlachttage bestimmte die Marktordnung: Schafe sollten immer am Abend „gestochen und erst des andern Tags außgehackt und verkaufft werden bey der Straff." Hauptschlachttag war der Samstag, denn „Es solle auch khain Metzger in der Wochen schlachten" - es sei denn, der Vorrat an Fleisch war bereits verkauft und es bestand Nachfrage.

Interessant ist auch, mit welchen Einzelheiten - man möchte fast sagen Lappalien und Bagatellen - sich diese Ordnung befaßte. So sollte kein Metzger mehr als 2 Hunde halten, „einer bey der Pankh und der andre auf das Gay." Der Hund bei der Fleischbank mußte in solcher Zucht gehalten werden, „damit nit allein die Leuth, sondern auch ihre Hundt ohne Schaden passieren können."

Da die Metzger aus dem Rindertalg Kerzen herstellten, wurde bestimmt, daß sie ihr „inslet" (Unschlitt) erst der fürstlichen Hofmeisterei zur Versorgung des „Bergwesens" abgeben mußten und auch nichts außer Land verkaufen durften.

Das Metzgerhandwerk lag in Berchtesgaden lange Zeit traditionsgemäß in der Hand einiger Familien, so der Seurer, Hölzl, Nagl, die das Geschäft vom Vater auf den Sohn weitergaben.

Ähnlich lang und breit befaßte sich die Ordnung mit den Bäckern (Bekhen), die ja die Bevölkerung mit dem anderen Grundnahrungsmittel, dem Brot, versorgten. Es waren zu dieser Zeit vier Bäckereien, nämlich zu Pfister, Fronreith, im Graben (am Gerer Bach) und in Ilsank (Illsamkh). Sie hatten „auff Widerrueffen" das Recht, neben weißem und braunem Roggenbrot auch Weißbrot, Semmeln, Brezen und „Airbrot" (Eierbrot) zu backen. Allerdings durfte „daß solliche Ayrbrot allein von denen Fragnern und nit durch andre im Marckht umbgetragen und verkaufft" werden. Die Fragner (Krämer) mußten diese Broterzeugnisse bei den Bäckern, die auch gleichzeitig Müller waren, beziehen. Neben diesen im Marktbereich liegenden Bäckereien gab es die Bäcker auf dem Land, die sog. „Geypeckhen", die zwar nur weißes und schwarzes Roggenbrot backen, aber dieses auch im Markt verkaufen durften. Das Brot und Mehl aber, „so sye am Samstag, Sonn- und Feyrtägen nit alles verkhauffen können", mußten sie in ihren „Beständtladen einsetzen", d.h. „biß auf die folgende Verkhauffung aufzubehalten." Zur Sicherheit mußten „sye ihre Schlüßl darzue einem Burgermaister einhändtigen." Das alles „bey unausbleiblich scharffer Straff."

Die „Peckhen" mußten ihren „Traidtkauff" dem Landgericht anzeigen, das alle „Viertl Jahr und auch öffters und unvermuetjeter" das Brot auf einer „Brodtwaagordnung" nach „Guette oder Gewicht" überprüfte.

Die Bürgerordnung regelte viele Probleme des täglichen und wirtschaftlichen Lebens der Bevölkerung. Wie konnten die Leute ihre Bedürfnisse an Lebensmitteln decken? Das war einmal möglich in - wir würden sagen - den Lebensmittelläden, damals bei den „Fragnern". Sie durften ursprünglich die fünf „Fragen" führen und verkaufen, nämlich „Brodt, Schmalz, Khäss, Schotten (Quark), Khoerzen." Später, bis zum Ende des 18. Jahrhunderts, erhöhte sich die Anzahl der in den Läden geführten Artikel, also an Nahrungsmitteln und anderen Waren, auf 40. Besonderen Wert legte die Bürgerordnung auf genügende Versorgung mit Schmalz: „Sollten die Fragner einem jeden Abkhauffer daß Schmalz im rechten Gewicht, ohne einigen ersuechenden Vortheill hinauß geben." Fragner, welche die fünf Fragen nicht zur Zufriedenheit vorrätig hatten, soll „alsobaldt der Laden gespört" werden. Die Fragner erhielten das Schmalz von den „Aelblern umb gebührenden Pfening, damit die Burgerschaft leichtlicher sich

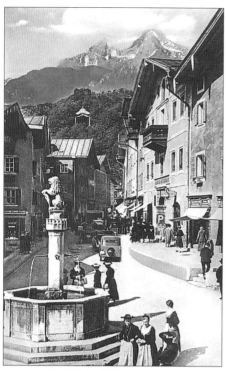
Marktplatz mit Löwenbrunnen.
Der Brunnen war 1558 neu erbaut worden,
der Löwe stammt aus dem Jahr 1628

underhalten möge." Ausfuhr und „Schmalz-verkhauff ausser Landts (war) ein für allmahl bey ernstlich Straff hiemit abgeschafft und verbotten."

Neben den Einkaufsmöglichkeiten bei den Fragnern gab es in Berchtesgaden die Märk-te. Da waren die drei Jahrmärkte (Jahr Marckhten) zu S. Viti, S.S. Petri und Pauli und St. Andrae (15.6., 29.6., 30.11.), bei de-nen „alle Kramer Standtgeldt" zahlen muß-ten, „fremde außländige Cramer, die sich Sonn- und Feyertäglich hereinschleichen, un-der den Bogen faill haben", sollen in Zukunft nur an diesen drei Markttagen und zu „Kürchweihen" ihre Waren anbieten und ver-kaufen dürfen. Daneben gab es jeden Samstag einen Wochenmarkt und einen täg-lichen „Tandtlmarckkht".

So sehr sich manches im Tagesablauf der Bürgerschaft Berchtesgadens schon fast et-was städtisch ausnahm, so darf doch nicht übersehen werden, daß Berchtesgaden Ende des 17. Jahrhunderts noch ein halbwegs agrarisch geprägtes Gemeinwesen war. So gibt es in der Bürgerordnung von 1691 auch Bestimmungen, wohin die Älbler des Marktes (an die 100) ihr Vieh treiben mußten. Dabei waren, je nach Wohnlage, drei Weiden vor-gesehen: Das Kugl-Veldt und die Zwing, Mitterbach und drittens Burgerfeldt und Lauk-kstein und Rath.

Unnuez Gsindl und Rumorer

Der Bürgerordnung lag sehr am Herzen, den Einwohnern Berchtesgadens Schutz und Sicherheit zu gewährleisten. Offenbar gab es auch Anlaß zu solchen Anordnun-gen. So waren für Streifgänge bei Nacht „zween Taugsame embsige Nachtwachter bestölt", die gegen „unnuez Gsindl" und „trunckhene Leuth" vorgehen sollten, vor allem auch „gegen ungebührlich Gedimmel in denen Würtshäusern." Bei „Rumoren" böser Leut sollten vor allem die „Handtwercher" innerhalb des Burgfriedens mit entsprechender Bewaffnung Hilfe leisten. Auch in einem anderen Paragraphen ist von „Rumors-Fällen und gemainen Aufläuffen" die Rede. An anderer Stelle wandte man sich gegen „Schreyen im Marckht" und vor allem gegen das „nächtliche unnueze Gässlgehen." Vor allem wurde den Wirten ins Gewissen geredet und ihnen verboten, „daß sye jenige Zechtbrueder oder junge Pursch, mit Spillen, Tawackh, Trinkhen, Zöchen und Singen Wintters Zeit über 8 Uhr, im Sommer aber über 9 Uhr nit gedulden sollen." Von der fürstl. Regierung wird dem Landgericht mit allem Ernst anbefohlen, „gegen Verbrecher (darunter sonderlich die zu Tag und Nacht muettwillige umbschwaiffende fridthässige Rumorer und Gotteslästerer verstanden) mit unmaßgeblicher Straff zu verfahren." Den Bürgermeistern wurde aufgetragen, „guette Obsicht" zu halten und unnueze Bettl-Leuth und feyrentes Gsindl von dem Marckht hinweckschaffen lassen."

Zur nötigen Versorgung der Bewohner Berchtesgadens gehörte auch die Beschaffung des zum Kochen und zur Heizung benötigten Holzes. Der Markt war im Besitz eines Bürgerwaldes, der ihm am „Siglberg" zugewiesen war. Aber „augenscheinlich" wurde „durch die Paurschaft denen Burgern mit haimblicher Yberschlagung des Holzes großer Abgang" erzeugt, so daß nun die beiden Bürgermeister zusammen mit den Waldbeamten und „in Beyweesen des Stiffts Abgeordneten Landtgerichts" angehalten wurden „fleißig Obacht zehalten", damit „Gehilz nichts verwüeßt oder vernachteiligt" werde. Zwei Förster sollten besonders für den Bürgerwald sorgen und „wo sye einigen Mangl spüren" zur Meldung bringen, „darum die Verprecher sollen abgestrafft" werden. Von der ausgesetzten Geldstrafe bekam der Markt den dritten Teil, ebenfalls die beiden Förster für „mehrern Fleiß und Aufmerkhens halber zu Ergözlichkeit ihrer Bemühung". Auch die Bürgermeister erhielten ein Drittel, weil sie „umb Verhuettung allerhand Unordnung oftermahls zuesehen sollen."

Natürlich beschäftigt sich diese Markt- und Bürgerordnung von 1691 noch mit vielen anderen Problemen, sie umfaßt ja schließlich 57 z.T. sehr ausführliche Artikel. Will man ein Resumee ziehen und eine Gesamtbeurteilung vornehmen, so wird man zunächst feststellen müssen, daß das Amt eines Bürgermeisters wahrlich kein leichtes war. Darüber hinaus ist die Bedeutung dieser Bürgerordnungen gar nicht zu überschätzen. Sie sind, um einen uns geläufigen Begriff zu wählen, das BGB Berchtesgadens, nicht das bürgerliche Gesetzbuch, wohl aber das Bürgergesetzbuch. Jeder einzelne Artikel erlaubt uns, Rückschlüsse auf Leben und Treiben im Markt Berchtesgaden im 16. und 17. Jahrhundert zu ziehen. Aus ihnen gehen Pflichten und Rechte der Bewohner hervor, sie geben Hinweise auf eventuelle Mißstände und zeigen auf, wie man ihnen zu begegnen suchte. Sie lassen aber auch erkennen, wie dominant in allem die fürstliche Regierung war, die alle Rechte aus eigenen Gnaden und auf Widerruf gewährte. In der Markt- und Bürgerordnung von 1691 wird zum Schluß hervorgehoben, daß sie von der fürstlichen Regierung verfaßt und ratifiziert wurde. Trotzdem kann man sich nicht des Eindrucks erwehren, daß es dieser fürstlichen Regierung nicht nur um Ruhe und Sicherheit innerhalb ihres Fürstentums ging, sondern daß dieser Obrigkeit auch das Wohl ihrer Untertanen am Herzen lag.

Schloß Adelsheim
Die Schloßanlage

Das Schlößchen Adelsheim, das in früheren Zeiten noch außerhalb des Marktes still und abgeschieden lag, ist jetzt durch Straßenbauten und Wohnanlagen wie auch öffentliche Gebäude in der Salzburgerstraße an den Markt Berchtesgaden angeschlossen. Es ist ein besonders hübsches und gepflegtes schloßähnliches Gebäude, einer der wenigen noch aus fürstpröpstlicher Zeit stammenden Bauten, geschichtlich wie kulturell von besonderem Reiz und hervorragender Bedeutung. Es war jahrhundertelang bewohnt, war 1803 die letzte Zufluchtsstätte des letzten Berchtesgadener Fürstpropstes Joseph Conrad - und trotzdem war dieses Kleinod im 20. Jahrhundert nur knapp dem totalen Verfall und dem Abbruch entgangen. Die Erhaltung wichtiger und schöner historischer Bauwerke ist nicht nur eine finanzielle, sondern auch in erster Linie eine geistige bzw. ideelle Angelegenheit. Daß die Erhaltung solcher Gebäude für Berchtesgaden mit seiner ungewöhnlichen, einmaligen Geschichte von besonderer Wichtigkeit ist und auch außergewöhnliches finanzielles Engagement verdient, ist leicht einzusehen - aber oft nur mit großer Opferbereitschaft und historischem Interesse und mit Verantwortungsbewußtsein auch für die kommenden Generationen zu bewerkstelligen. Daß dies im Falle Adelsheim in den 60er Jahren des vorigen Jahrhunderts gelungen ist, ist in erster Linie der Ein- und Weitsicht des Landrats Dr. Müller und dem Architekten Georg Zimmermann zu danken.

Schloß Adelsheim, 1614 erbaut

Das Schlößchen steht jetzt immerhin fast 400 Jahre und hat als Heimatmuseum und Zentralstelle der Berchtesgadener Heimatkunst nicht nur neue lokale, sondern auch überörtliche Bedeutung gewonnen. Es ist aufgestiegen in die Reihe besonderer Sehenswürdigkeiten und nimmt neben Stiftskirche,

29

Schloß, Markt und Bergwerk seinen eigenen Platz ein. Es ist heute mit seinem schmucken Äußeren in der hübschen Farbabstimmung Weiß und Rot und den sehenswerten Museumsexponaten nicht nur eine interessante Fremdenattraktion, sondern ein historisches Juwel für die Berchtesgadener selbst. Umso merkwürdiger, fast befremdlich, ist es, daß dieses Gebäude in entsprechenden Publikationen wie in den „Kunstdenkmälern" und der „Geschichte von Berchtesgaden" keine herausragende kunsthistorische Würdigung und Beachtung gefunden hat.

Obwohl sich der Bau in seiner Art von einem Wohnhaus, besonders auch von den mehrgeschossigen Wohnblocks der Schroffenberg-Allee unterscheidet und abhebt, ist er nicht von vorneherein als „Schloß" anzusehen. Dabei macht er mit seiner Vorderfront, die nach Süden und dem Markt zu frei dasteht, einen sicheren, kräftigen, festen, bodenständigen Eindruck. Es fehlen an ihm die Türmchen, Erker und Giebel anderer schloßähnlicher Bauwerke, wie sie etwa das nahegelegene Stöhr-Schlößl („Alpenruh") aufweist. Der etwas unsymmetrische Bau zeigt einen mehrstöckigen massigen Mittelteil mit ausgebauter Mansarde, einen kürzeren niedrigeren Ost- und einen längeren ebenso einstöckigen Westflügel zum steilansteigenden Wiesenhang hin, wo ein ein-

Adelsheim, Rückansicht

zelstehendes „Stöckl" 1968 errichtet wurde. Obwohl auf diesem Terrain wenig Platz um das Schloß vorhanden ist, gab es früher prächtige Parkanlagen mit Blumenbeeten, Buchshecken, Palmen und Fliederbüschen. Auch ein Rosengarten mit einem kleinen Pavillon (den es heute noch gibt), war natürlich vorhanden. Zu dem Schloß hin führte eine prächtige Kastanienallee - alles also standesgemäße, herrschaftliche Zutaten für ein richtiges Schloß. Die Zufahrt und damit das Schloßgelände war vorne durch ein schweres Eisentor abgeschlossen, hinter dem das Hausmeisterhaus und Stallungen standen. So etwa war die Situation in „historischer" Zeit. Unsere heutige, moderne, Zeit hat wenigstens das Schloß erhalten und damit ein Baudenkmal aus fürstpröpstlicher Zeit. Der Schloßpark und die Allee allerdings sind verschwunden - das Gelände wurde für Wohnanlagen genutzt.

Von einer kunsthistorischen Besonderheit muß noch die Rede sein: Ein gotischer Bildstock aus dem späten 14. Jahrhundert stand einst im Park des Schlößchens Adelsheim und steht nun seit 1985 auf dem Beringarplatz nördlich der Stiftskirche. Der Bildstock ist auf einen hohen Pfeiler aus hellrotem Untersberger Marmor aufgesetzt und zeigt auf der Vorderseite eine Kreuzigungsgruppe in sehr eindrucksvoller Bildhauer-Arbeit. Hans Roth (Geschichte von Berchtesgaden, Band III/1 S. 514) ordnet sie auf Grund der Stilanalyse einer Salzburger Werkstatt zu. Während die halbplastischen Figuren der beiden Schmalseiten (zwei Bischöfe und die hl. Katharina und Dorothea) die gleichen Stilmerkmale zeigen und wohl von derselben Künstlerhand stammen, ist die Rückseite wohl jüngeren Ursprungs.

Zur Geschichte des Schlößchens

Über die Geschichte des Schlößchens bzw. über deren Besitzer, sind wir hinreichend unterrichtet, wenn es auch - leider - keine zusammenfassende Darstellung gibt. Zu den überlieferten Gegenständen des Schlosses gehört ein sog. „Einschreibbuch", in dem, allerdings erst ab 1805, die in der Schloßkapelle gelesenen Messen eingetragen sind. Zu diesem Zeitpunkt allerdings bestand das Schloß bereits über 200 Jahre. Es wurde 1614 von dem Berchtesgadener Stiftsdekan Degenhard Neuchinger als Sommersitz erbaut. Neuchinger war seit etwa 1591 Pfarrer und Dekan in Berchtesgaden, er starb am 22. Januar 1624 und wurde in der Franziskanerkirche begraben. Er entstammte einem bayerischen Adelsgeschlecht aus der Gegend von Weilheim. Er hatte eine ganze Reihe von Verwandten zu sich nach Berchtesgaden gezogen, so seinen Bruder Ludwig, der Landrichter in Berchtesgaden war, und seinen Bruder Rupert. Degenhard Neuchinger hatte ein bereits bestehendes Anwesen, genannt „Gastageck", das in einem höchst baufälligen Zustand war, zusammen mit dem dazugehörigen Garten um 400 Gulden gekauft und „auf eigene Kosten zu einem Lust- und Sommerhaus" erbaut. Die Baumaterialien sowie ein Fuhrwerk konnte er vom Stift vorteilhaft beziehen. Die untere Wohnung hatte Neuchinger vermietet.

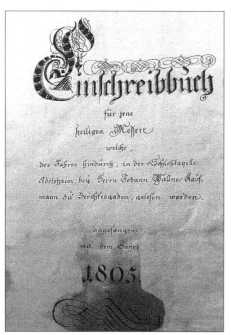

Das „Einschreibbuch" des Schlößchens Adelsheim

In der stimmungsvollen Eingangshalle mit ihrem alten Kreuzgewölbe ist eine Marmortafel eingelassen: „Der Hoch Erwürdig Edl Herr Degenhardt Neuchinger Dechant alhie und Churfl. Rath diß Gepew aufgerichtet hat auf sein aigen Coßten fürwar im Sechzehnhundertvierzehn'n Jar." Der Grabstein Neuchingers befindet sich an der Nordwand der Franziskaner Kirche und wurde von dem in der ersten Hälfte des 17. Jh. in Berchtesgaden tätig gewesenen Steinmetzen und Bildhauer Georg Kheimhofer angefertigt. Neuchinger ist zu Füßen des gekreuzigten Christus betend dargestellt. Die Inschrift lautet: Hie ligt Begraben der Hoch Erwürdig Edl Herr Degenhart Neuchinger zu Ober Neuching Churfl. Drl zu Cölln Hertzog Ferdinand in Bay'rn rath und Dechant des Fl. Stiffts Berchtesgaden, der den 22. Januarii A. 1624 in Christo Selig verschiden. Dessen und allen Christ Gläubigen Seelen der Almechtig Gott ein Frelliche Auferstehung zum Ewigen Leben verleihen wolle. Amen.

Degenhard Neuchinger brachte kurz vor seinem Tod seinen letzten Willen zu Papier, wobei er seine Verwandten, seine Bediensteten, einige Kapitulare bedachte. Über das Schlößchen Adelsheim allerdings traf er keine Verfügung. Das Kapitel beteuerte, daß Neuchinger das Adelsheim ihm noch zu Lebzeiten vermacht habe, aber es gab nichts

Schriftliches. Fürstpropst Ferdinand (zugleich Kurfürst von Köln) entschied, daß das Schlößchen dem Kapitel bleibe, sollte aber den Eltern des Kapitulars Johann Adam von Reitzenstein (im Stift seit 1607) als Wohnung überlassen werden.

Nächster Besitzer des Adelsheims war der Stiftskanzler Daniel von Frölich, der 1640 verstarb. Zwei Wappen der Familie Frölich befanden sich einst über dem Eingang und sind jetzt in der großen gewölbten Vorhalle in die Mauer eingelassen. Frölich war Doktor beider Rechte und ließ im Schlößchen die Kapelle einbauen und ausstatten. Er war 1622 von Kurfürst Ferdinand nach Berchtesgaden abgeordnet worden, um wichtige Aufgaben an Stelle des alten Kanzlers Dr. Soll zu übernehmen. Die Familie stammte aus Winterberg im kurkölnischen Westfalen. Frölich sollte zunächst das Archiv der Fürstpropstei wieder herstellen. Tatsächlich wurde um diese Zeit ein neues Repertorium des Stiftsarchivs angelegt. Bei wichtigen Verhandlungen mit Salzburg - es handelte sich um den großen Salzprozeß vor dem Reichshofrat - war Dr. Frölich zusammen mit dem Kapitular Johann Benedikt von Perfall der wichtigste Vertraute Kurfürst Ferdinands. Er war der Hauptverhandler und reiste zwischen Salzburg, Wien und München hin und her. Frölich und Perfall wurden von K.O. Ambronn (Geschichte von Berchtesgaden Band II/1) als Berchtesgadener „Führungsduo" bezeichnet. Es ist daher verständlich, daß Dr. Daniel Frölich 1627 in den Adelsstand erhoben wurde. Seit wann er im Besitz des Schlößchens Adelsheim war, ist nicht bekannt. Er hatte 1636 in zweiter Ehe die Tochter Sabina des Landrichters Christoph Gadolt geheiratet, vier Jahre später, 1640, verstarb er. Er gehörte zu den bedeutendsten Berchtesgadener Stiftsräten und -kanzlern. Im Juli 1644 kaufte der Landrichter und Walddirektor Christoph Gadolt das Adelsheim um 1.500 Gulden.

Christoph Gadolt von Seloshausen, aus Tiroler Adel, hatte 1611 Susanne Stöckl, die Witwe des Heuberger Urbarpropstes Veit Stöckl, geheiratet. Auf Grund seiner Tüchtigkeit wurde er Landrichter und Walddirektor und einer der höchsten und einflußreichsten Beamten des Stifts. Von ihm wird nur Gutes berichtet: Er wird als „kraftvolle Persönlichkeit" und „eindrucksvolle männliche Erscheinung" beschrieben (Geschichte von Berchtesgaden II S. 114), und an anderer Stelle (S. 93) wird er als eine „schöne, gerade, lange, mannhafte Person" gerühmt, „so einem Fürsten nicht übel anstehen möchte." Sein Sohn Jakob wurde Nachfolger in seinen Ämtern. - Von jetzt ab wurde offenbar unser Schlößchen „Adelsheim" genannt, denn Dr. v. Frölich nannte sich bei seiner Heirat mit Sabina, der Tochter Gadolts, 1636 „de et in Adelsheim".

Decke der Kapelle im Schlößchen Adelsheim

Nach Frölichs Tod kam es um sein hinterlassenes „Silbergeschmeide" noch zu Schwierigkeiten im Stift. Es war in Räumlichkeiten des Stifts deponiert gewesen und dann verschwunden. Noch 1677 machte die Tochter Frölichs, Anna Elisabeth von Türberg, das Stift für das verlorene Geschmeide haftbar. Das Verschwinden dieser Gegenstände wurde nie aufgeklärt.

Der nächste uns bekannte Besitzer des Adelsheims war der Stiftskanzler Johann Ferdinand von Kremponer. Er wird bezeichnet als hochfürstl.-freising. Hof- und Kammerrat, Bercht. Hofmeister und Vizekanzler von 1686-93. In dem schon erwähnten Einschreibbuch heißt es von ihm: Er hat die „Kapelle neuherrichten lassen und auf diese seine Kapelle die päpstliche Bewilligung zur Lesung der hl. Messe erhalten im Jahre 1696." Kremponer oblag vor allem auch die Aufsicht über die Salzämter zu Frauenreut und Schellenberg. Er hatte 1691 das Schlößchen Adelsheim von Anna Katharina von Neuburg auf Pasing, einer geborenen Gadolt, erworben. Weil ihm Vorwürfe wegen seiner Amtsführung als Hofmeister gemacht wurden, trat er vom Amt des Hofmeisters zurück, erhielt aber als Ausgleich für die ihm so verloren gegangene Besoldung die Nutznießung der drei stiftischen Meierhöfe. Er blieb auch weiterhin Rat der fürstlichen Regierung. Ja, er besaß besonderes Vertrauen und wurde zusammen mit dem Kapitular Max Heinrich Piesser 1703 zu Verhandlungen an den kaiserlichen Hof nach Wien gesandt. Er gehörte ebenfalls zu einer Abordnung, die 1704 nach Salzburg reiste und mit dem kaiserlichen General Berzetti in Verbindung trat. Er nahm unter den weltlichen Räten die erste Stelle ein und „stellte bei vielen Missionen seine Fähigkeiten unter Beweis", so z.B. als 1705 überraschend kaiserliche Truppen in Stärke von 458 Mann und 11 Offizieren im Stiftsland ihr Winterquartier bezogen. Er wurde mit wichtigen Aufträgen nach München und Wien gesandt, wofür er allerdings trotz der mißlichen finanziellen Lage des Stifts mit „Spesen" in erstaunlicher Höhe bezahlt wurde. 1709 aber trat Kremponer von seinen Ämtern als Vizekanzler und Kanzleidirektor aus gesundheitlichen Gründen und wegen unerfreulicher Verhältnisse mit seinen Kindern aus erster Ehe zurück. Kurz darauf muß er gestorben sein, denn 1710 ging das Adelsheim in andere Hände über. Damit endete die Zeit, in der das Schloß in Händen stiftischer Beamter war. 100 Jahre lang war das Adelsheim Besitz und Wohnung bedeutender Stiftskanzler, die vielfach in die Geschicke Berchtesgadens eingriffen. Nun traten bürgerliche Familien auf den Plan.

Das 18. Jahrhundert: Die Zeit der Krueger

Mark (Markus) Krueger war ein sehr wohlhabender Holzwarenverleger in Schellenberg. Er erwarb 1710 von Kremponer das Adelsheim „mit allen Zugehörungen, Rechten und Privilegien" um den Betrag von 4.200 Gulden. Ein Zeichen für seinen Reichtum war die vom fürstlichen Rat festgelegte Höhe des Darlehens, das er für die Einquartierung der kaiserlichen Truppen 1705 aufzubringen hatte: es waren nicht weniger als 6.000 Gulden. Die bestbetuchten Berchtesgadener Verleger hatten zwischen 600 und 3.000 Gulden aufzubringen. Allerdings starb Marx Krueger bereits 1713.

Im Museum im Adelsheim befinden sich einige Porträts der Familie Krueger, die von einem späten Nachfahren dieser Familie dem Museum übergeben wurden. Am 11. Juli 1712 bat Marx Krueger das Berchtesgadener Konsistorium (Höherer Kirchenrat), die vorhandene Hauskapelle vergrößern zu dürfen. Am 12. Oktober dieses Jahres erhielt er vom Papst Clemens die Erlaubnis zur Lesung der hl. Messe, die seit 1763 auch für die Kruegerischen Erben galt. Nach Marx führte zunächst seine Witwe das Geschäft weiter, dann ihr Sohn Leonhardt, der - wie vorher sein Vater - im Adelsheim lebte. Sein Sohn Clement erbte Geschäft, Haus und Vermögen. Er war wie seine Vorfahren Verleger in Schellenberg und auch Bürgermeister dieses Marktes. Er konnte sein Geschäft sogar noch vergrößern, indem er die Prehauserische Verlegerei dazu erwarb. 1734 wurde Franz Joachim Krueger geadelt, er war Hofrat und Walddirektor geworden. Höflich und der Zeit entsprechend faßte er sein Dankschreiben ab: „Hochwürdiger Hochgeborener Reichsfürst Gnedigster Herr ... Daß Eure Hochfürstl. Gnaden etc. aus puren höchsten Gnaden mir den Adl-Stand zuertheilen gnedigst geruhen wollen, habe ich allerunterthänigst dankh abzustatten ..." Das Schloß Adelsheim blieb bis zum Jahr 1795 im Besitz der Familie Krueger - fast ein ganzes Jahrhundert lang. Erst zu Ende des 18. Jahrhunderts mußte die Witwe des Joseph von Krueger, der auch hochfürstlicher Berchtesgadenscher Hofrat und Walddirektor war, aber schon im 44. Lebensjahr verstarb, das Schlößchen verkaufen. Das Adelsheim ging in den Besitz des Bayerischen Hauptsalzamtes über, die Kruegerischen Erben verkauften das Schlößchen nach dem Abschluß des Hauptsalzvertrags 1795 an den neuen Besitzer.

Joseph Conrad Frh. v. Schroffenberg, 1780-1803 Fürstpropst
von Berchtesgaden, auch Bischof von Freising und Regensburg.
Er starb in der Nacht zum 5. April 1803 im Schloß Adelsheim

Im Adelsheim stirbt der letzte Berchtesgadener Fürstpropst

Man nimmt an, daß das Adelsheim dem letzten Fürstpropst Joseph Conrad von Schroffenberg nach dessen Abdankung 1803 als Ruhesitz überlassen wurde. Es war die Zeit der Säkularisation, Schroffenberg hatte seine Würde als Landesherr und Fürst verloren. Seine Gesundheit war zerrüttet durch einen schweren Unfall, den er 1794 in Regensburg durch ein unachtsam vom Dach geworfenes Buchenscheit erlitten hatte, die Belastungen seiner drei Fürstenämter und die aktuellen politischen Ereignisse und Umwälzungen taten ein übriges dazu. Von Krankheit und Erschöpfung gezeichnet, suchte er auf ärztliches Anraten im Schlößchen Adelsheim Abstand, Ruhe und Erholung. Das Ende der Fürstpropstei war beschlossene Sache, zwei Kompanien österreichisches Militär hatte schon für den neuen Herrn, den Großherzog Ferdinand aus dem österreichischen Kaiserhaus, von Berchtesgaden Besitz ergriffen. Joseph Conrad hatte bereits (am 26. Februar 1803) die Entsagungsurkunde auf die weltliche Regierung erlassen, als er das Adelsheim bezog. Tatsächlich zeigte sich in den ersten Tagen eine Besserung im Befinden, aber das war offensichtlich nur ein letztes Aufbäumen des zu Ende gehenden Lebens: In der Nacht vom 4. auf den 5. April verstarb der letzte Fürstpropst Berchtesgadens. Der Stiftsdekan Graf Dietrichstein gab folgende Nachricht heraus: „Höchst selber ist gestern 4. April abend um Dreiviertel auf 9 Uhr an den Folgen eines zweimaligen Nerven-Schlagflusses, welcher Höchstihn nach Mittage nach 3 Uhr das erste Mal getroffen und von welchem Höchster sich nicht mehr zum Gebrauch der Sprache erholt hat, mit der letzten heiligen Ölung versehen in Gott selig verschieden, nachdem er wenige Tage zuvor schon das heilige Abendmahl genommen hatte." Das war wohl die traurigste Stunde in der langen Geschichte des Adelsheims - und auch Berchtesgadens. Joseph Conrad war in diesen letzten Tagen von einer Verwandten, wohl seiner Nicht aus der Familie Barbier, gepflegt worden, die dann auch Haupterbin (Mobiliar, Kleinodien, Barschaft) war. Auf Anordnung Erzherzogs Ferdinand wurde er mit allen Ehren eines Reichsfürsten in seiner geliebten Stiftskirche beigesetzt. Das in klassizistischem Stil gehaltene Grabmal mit seinem gut gelungenen Portrait setzte ihm seine Familie.

Nun ging also das kleine Schloß auf Salzburg über, das es 1805 an den Berchtesgadener Kaufmann Johann Nepomuk Wallner veräußerte. Dieser Wallner wurde von besonderer Bedeutung für unser Schlößchen, denn er richtete darin eine Sammlung Berchtesgadener Holz- und Kunstwaren ein und schuf damit ein erstes Heimatmuseum des Berchtesgadener Landes - für die damalige Zeit eine wahre Seltenheit. Die Sammlung war öffentlich und frei zugänglich und umfaßte an die 12.000 Ausstellungsgegenstände. Wallners Bruder Severin, Pfarrer und Geistlicher Rat in Berchtesgaden, Verfasser und Herausgeber des ersten Reiseführers für Berchtesgaden, weist darin mit

Recht auf die Schauräume dieser Sammlung hin: „Unweit dieses Bergwerks findet der Reisende im Schlößchen Adelsheim die Waren-Niederlage des Herrn Johann Wallner. Er trifft ihn selber nebst vielen gewählten Kunsterzeugnissen aller österreichischen Erbländer ins Besondere die Sammlung der Berchtesgadenschen Kunst- und Gebrauchswaren an, deren Absatz sich bis in fremde Erdteile erstreckt. Über diese Waren erhält man gedruckte Verzeichnisse zur Einsicht und Auswahl."

Auch dem Schloßbesitzer Wallner war die Bewilligung zum Lesen der hl. Messe in der Schloßkapelle erteilt worden. Der Bruder, der schon erwähnte Pfarrer Severin Wallner, zelebrierte wiederholt in der Kapelle die Messe und führte auch Trauungen durch. Johann Nepomuk Wallners Frau starb 1824, setzte aber noch vor ihrem Tod eine Stiftung ein: „Dem Wunsch meiner verstorbenen Gattin willfahrend widme ich die Summe von Sechshundert Gulden zu folgenden ferneren Zwecken als: a) dem Pfarr-Gotteshaus St. Andrä dahier, soviel als nötig ist, um eine heilige Messe zu stiften, welche jährlich am Sterbetag der Stifterin, nämlich am 14. November gehalten und zuvor verkündet werden soll, b) zwei Hundert Gulden dem Bruderhaus dahier, mit dem Bedingnis, daß diese Summe zu 5 % auf Zinsen gelegt und diese Zinsen jährlich am Sterbetag der Stifterin, nämlich am 14. November unter die Pfründner - soweit es unbeschadet der Verwaltung geschehen kann - verteilt werden sollen; c) zwei Hundert Gulden dem hiesigen Armen-Fond, wovon die Hälfte auf den Burgfrieden, die andere Hälfte der Gnotschaft Salzberg zugeteilt werden soll, und endlich d) Dem Schulfond dahier derjenige Theil, welcher zur Ergänzung der obigen 600 f noch übrig bleibt ..."

Vielfacher Besitzwechsel

Nach dem Tod des Holzwarenverlegers Johann Nepomuk Wallner (1837) gelangte das Adelsheim in den Besitz des Hofbräus Anton Wurm, dann in den des Leithauswirtes Klausner. Vielleicht war es für diese beiden nur ein Spekulations- oder Prestigeobjekt, denn bereits 1858 wurde das Schlößchen an eine adelige Dame verkauft, an Baronin Amalie von Eichtal. Diese wandte sich wieder an den Papst (Pius IX.) um die Erlaubnis, in der Privatkapelle die Messe lesen und die heiligste Eucharistie empfangen zu dürfen, was auch 1862 erlaubt wurde. Offenbar mußte jeder neue Besitzer erneut um diese Bewilligung eingeben. Auf Amalie folgte ihre Tochter Julia von Eichtal und 1902 Graf Max von Berchem. 1916 ging das Schloß an die Familie des Kommerzienrats und Fabrikbesitzers Konrad Fischer, die es bis 1961 innehatte. Bis zu diesem Zeitpunkt war das Schloß immer bewohnt und äußerst gepflegt, was ja bei alten Bauwerken keine Selbstverständlichkeit ist. Nun aber ging es rapide abwärts.

Verfall und wundersame Rettung

Innerhalb kurzer Zeit wurde unser Schlößchen „zur Ruine", wie es in einer Veröffentlichung heißt. Das ganze Gebäude geriet „in einen Zustand vollkommener Verwahrlosung." Das Dach wurde schadhaft, ebenso das Mauerwerk, Fenster wurden eingeschlagen und nicht mehr repariert, ebenso die Türen, die Eingangshalle glich fast einem Schutthaufen mit Glasscherben, Trümmern, Gerümpel und Unrat. Es schien keine andere Lösung zu geben als Abriß. Abbruch, wie - leider - bei so vielen historischen

Adelsheim nach dem Brand am 24. September 1962

Bauten, deren Anpassung an die moderne Zeit und Erhaltung Unsummen verschlingen würden. - Wer hat so viel Geld, wer soll das bezahlen?

Aber - Wunder gibt es immer wieder: Der Landkreis (damals noch der alte, bis zum Hallturm reichende) zeigte sein Interesse und kaufte das ruinöse aber historisch bedeutsame Anwesen und restaurierte es. Das alles verlangte erhebliche Mittel, da 1968 im nördlichen Nebengebäude im Dachgeschoß auch noch ein Brand ausgebrochen war und größere Schäden verursacht hatte. Im Zuge dieser Arbeiten wurde der vorher freistehende Nordteil an den Mittelteil angeschlossen, so daß die nutzbaren Innenräume vermehrt wurden. Leider allerdings konnte das parkartige Umland nicht gehalten werden, es wurde verkauft und für dringend nötige Wohnanlagen genutzt. Aber das Schloß war gerettet und bereit für neue Aufgaben: Nun entstand in seinen Mauern das neue Heimatmuseum und die Zentralstelle der neuerweckten Berchtesgadener Heimatkunst.

Das Heimatmuseum

Schon die Eingangshalle ist für den Eintretenden ein Erlebnis. Ihn empfängt ein großer, gewölbter, von vier marmornen Säulen getragener nicht allzu hoher Raum, eine Halle, die Geschichte atmet und allein schon ein Zeit- und Kulturdenkmal ist. An den Wänden die eingelassenen Wappensteine ehemaliger hoher fürstpröpstlicher Stiftsbeamter bzw. Schloßbesitzer. Dieser eindrucksvolle und stimmungsreiche Raum wird heute für festliche Ereignisse wie Buchpräsentationen und Konzerte genutzt, eine nicht nur zweckmäßige sondern vor allem auch würdige Verwendung.

Von dieser Eingangshalle aus sind alle wichtigen Räume des Hauses zu erreichen: links ein Dia-Ton-Zimmer, rechts Ausstellungs- und Verkaufsraum der „Berchtesgadener Handwerkskunst". Die Treppe in der Mitte führt in den ersten und zweiten Stock zum Heimatmuseum. Nun soll hier kein Museumsführer geschrieben werden, das wäre Aufgabe einer eigenen Arbeit. Ein kurzer Überblick mag an dieser Stelle jedoch gegeben werden.

Was also gibt es da alles zu sehen und zu bewundern? Die Herstellung der »Berchtesgadener War", von Holzspielzeug, Spanschachteln, Flöten („Fleitln") und Gegenständen für den Haushalt, hat in Berchtesgaden jahrhundertealte Tradition. Kein Wunder, daß in diesem Museum die schönsten Stücke ausgestellt sind: Spanschachteln ver-

Spanschachteln

schiedener Größe mit Landschafts-, Trachten- und Blumenmotiven, die berühmte Hoheitskutsche, kunstvolle Beinschnitzereien. Andere Räume bieten Einblick in Leben und Brauchtum des bäuerlichen und bürgerlichen Daseins. Große Figuren eines früher viel besuchten und bestaunten Marionetten Theaters, von Gabriel Gailler um 1870 in Berchtesgaden gegründet, bilden mit ihrem Kaspar einen besonderen Höhepunkt. Sie sollen Theodor Storm zu seiner vielleicht bekanntesten Erzählung „Pole Poppenspäler" angeregt haben. Ein besonderes Ausstellungsstück ist ein von zwei Pferden gezogener Wagen, mit dem schon König Ludwig II. als Kind in Berchtesgaden gespielt hat. Das ganze Gespann ist fast 1 m lang, Ludwig konnte das Fuhrwerk beladen und die Rösser ein- und ausspannen. Eine Sonderausstellung mit Zeugnissen des Volksglaubens, vom Bayerischen Nationalmuseum eingerichtet, ist dem bedeutenden Berchtesgadener Volkskundler Prof. Dr. Rudolf Kriss gewidmet. Ausgestellt sind überdies Stiche, Porträts, Waffen, Böller, ein Modell des gesamten Schloßkomplexes. Zu besichtigen ist die schon wiederholt erwähnte Hauskapelle, die sich in schönem, renovierten

Der etwa 1 m große Kasperl
aus dem Marionetten-Theater

Zustand präsentiert, und ein kleiner Raum, in dem man heute die Sterbekammer des letzten Berchtesgadener Fürstpropstes Joseph Conrad vermutet.

Ein neugegründeter „Förderverein des Heimatmuseums", von Architekt Jürgen Zimmermann ins Leben gerufen, hat hier neue Impulse gesetzt.

Das Pferdefuhrwerk, mit dem König Ludwig II. in Berchtesgaden als Kind spielte

Hilgerkapelle „Maria Dorfen"

Vom Bürgermeister erbaut

Die Kapelle befindet sich am Nordosthang des Locksteins genau in der Kurve der Locksteinstraße. Ihr gegenüber liegt an der Straße nach Maria Gern das Hilgerlehen, und nach diesem Lehen hat sie auch ihren Namen „Hilgerkapelle". Früher allerdings hieß die 1725 erbaute Kapelle „Maria Dorfen". Beschäftigen wir uns ein wenig mit diesem kleinen aber feinen Gotteshaus am Rande der geschlossenen Marktsiedlung.

Diese Kapelle entstand im 18. Jh., dem sogenannten „goldenen Jahrhundert" Berchtesgadens, wie es von mancher Seite genannt wird, und ist ein Schmuckkästchen des heimatlichen Rokokos. Dieses „goldene Jahrhundert" betrifft zwar nur in erster Linie die Bautätigkeit und die Tatsache, daß in diesem Jahrhundert wieder Pröpste aus den eigenen Reihen des Kapitels herrschten - während bei dieser ehrenden Titulierung die inhumane Vertreibung der Evangelischen ganz außer Acht gelassen ist. Zeichen von Frömmigkeit und Gläubigkeit in Berchtesgaden in diesem Jahrhundert sind Kirchenbauten und -ausstattungen. Aber nicht nur von Seiten des Stifts wurden solche Zeichen

Hilgerkapelle „Maria Dorfen" um 1900. Altes Sträßchen nach Maria Gern

43

der Religiosität und des Glaubenseifers vollbracht, auch Privatpersonen, also Bürger, bewiesen ihre religiöse Einstellung durch den Bau von Kapellen, Marterln und Wegkreuzen. Das kleine Kirchlein „Maria Dorfen" - es ist eigentlich eher eine der vielen Weg- und Hauskapellen - wurde nicht als eine pfarr- oder stiftsamtliche Kapelle erbaut, sondern allein von einem Bürger Berchtesgadens. Es war der Holzwarenverleger und Berchtesgadener Bürgermeister Josef Seefeldner mit seiner Frau Ursula Regina, Witwe des Adam Hilger, die den Plan zum Bau dieser Kapelle faßten. Vielleicht gab es dort schon früher ein Kapellchen, denn bei Koch-Sternfeld heißt es im III. Buch in einer Anmerkung: Zu derselben Zeit (1699 ist gemeint) wurde das Vermögen der Hilgerkapelle und der von Unterstein in der Schönau vereinigt."

Die Biographie des Josef Seefeldner, des Stifters der Kapelle, ist ganz interessant. Er war eigentlich gar kein Berchtesgadner, denn er war 1670 in Radstatt im Erzbistum Salzburg geboren. Durch seine Heirat mit der Verlegerswitwe Ursula Regina Hilger und seine Übersiedlung nach Berchtesgaden ins Nonntal wurde er Berchtesgadener Bürger. Er muß ein kluger und auch wohlhabender Mann und eine wichtige und einflußreiche Persönlichkeit gewesen sein, denn er wurde zum Bürgermeister gewählt, welches Amt er 1716-1719 und von 1726-1733 ausübte. 1733, am 11. März, verstarb er. Jedenfalls hatte er die Verleger-Gerechtsame von seiner Frau übernommen, deren erster Mann Adam Hilger schon Holzwarenverleger und Kirchpropst (Kirchenverwalter) der Pfarrkirche war. Schon dessen Vater Wolfgang Hilger war Verleger, Ratsherr und auch Kirchpropst und Eigentümer des Hauses Nr. 17 im Nonntal (auch Eichelmannhaus, Hilgerbehausung, Riedherrsche Behausung), und des Hilgerlehens gegenüber der Hilgerkapelle.

Das Wallfahrtskirchlein an der Isen

Der Name „Maria Dorfen", den die Hilgerkapelle jahrzehntelang führte (1775 erscheint er noch in einem Kapitalienverzeichnis), führt uns zu dem Marktflecken Dorfen an dem Flüßchen Isen, etwa 40 km östlich von München an der Straße von Wasserburg nach Landshut gelegen. Dort bestand mehrere Jahrhunderte lang eine berühmte, vielbesuchte Wallfahrtskirche, die viel bedeutender war als das damals noch wenig hervorgetretene Altötting. Diese Wallfahrt zur „Mutter Gottes von Maria Dorfen" hatte schon im 15. Jahrhundert einen großen Zulauf, der sich in den nächsten Jahrhunderten noch verstärkte. Zu diesem Gnadenbild mußte man wallfahren bei Sorgen, Nöten und Krankheiten, und im Jahre 1707 wurde es öffentlich in einer großen Feier als wundertätig anerkannt und erklärt. Der Ruf Dorfens verbreitete sich, vor allem auch, als Pfarrer Sailer seit 1709 durch Broschüren erfolgte Gebetserhörungen veröffentlichte und so auch weiteren Kreisen bekannt machte. Den ungeheuren Zustrom Tausender Gläubiger beweisen am durchschlagendsten die 21.304 Gulden Opferstockgeld des Jahres 1725 und die 125.000 ausgeteilten Kommunionen im Jahr 1732.

Wallfahrten unternahmen nicht nur die sogenannten kleinen Leute, sondern auch Personen höchster Stände. Aus Altbayern, traditionsgemäß katholisch und fromm, kamen die meisten Wallfahrer, aber Dorfens Ruf und Ruhm hatte sich über ganz Deutschland ausgebreitet, und so kamen auch aus ganz Deutschland die Gläubigen und Trostsuchenden. Auch das bayerische Fürstenhaus schloß sich diesem Strom der Pilger an: 1715 pilgerten die Söhne des Kurfürsten Max Emanuel nach Dorfen, 1719 folgte Kurfürst Max Emanuel selbst und wallfahrte zu Fuß zur „allerseligsten Maria von Dorfen". Und zwei Jahre später, 1721, machte sich der spätere Kurfürst und deutsche Kaiser Karl Albrecht zusammen mit seiner Gemahlin auf nach dem Gnadenbild in Dorfen. Man mag sich nicht wundern über diese Wallfahrten höchster Repräsentanten der menschlichen Gesellschaft: Es war die Zeit des Barocks, und der barocke Mensch lebte in der Spannung zwischen demütig-frommer Hingabe, glanzvollem Aufwand und großspuriger Aktion. Beide, Max Emanuel und Karl Albrecht sind die beredsten Zeugen dafür in der bayerischen Geschichte. Sie brachten höchsten Ruhm und tiefste Not über ihr Land. Sie führten glanzvoll Hof und pilgerten in Demut zur Mutter Gottes in einer Dorfkirche.

Der Ruf des wunderwirkenden Gnadenbildes von Dorfen war natürlich auch nach Berchtesgaden gedrungen und so hatte sich Ursula Regina Seefeldner, als sie schwer ja todkrank darniederlag, 1722 zur Mutter Gottes nach Dorfen gelobt. Von ihrer Krankheit geheilt, gingen sie und ihr Mann daran, ihr Kirchlein zu bauen. 1723 ließen sie von dem damaligen Hofzimmermeister Peter Wenig den Plan für die Kapelle entwerfen in der Größe des heutigen Betraumes, ohne später angebaute Sakristei und ohne den Turm. Es waren gute Handwerker, vielleicht sogar Künstler, die für die Bauausführung gewonnen wurden, denn 1725 erhielt Seefeldner vom Konsistorium die Bauerlaubnis: „Dem Bürgermeister und Verleger im Nonntal und seiner Ehewirtin Ursula Regina ist negst beim Hause ihres Lehens am Lagstein eine Kapelle zu erbauen bewilligt worden." Den Rohbau errichtete Maurermeister Peter Schaffner, der auch die Ettenberger Kirche aufgemauert hat, für die Stukkaturen wurde Jakob Gall aus Wien berufen, der gerade in Salzburg im Schloß Mirabell arbeitete, die Fresken schuf der Burghauser Maler Innozenz Worati.

Im Deckenfresko sieht man die Mutter Gottes, umgeben von Engeln, die Schlange zu ihren Füßen zertretend. Während manches in der Kapelle ausgebessert oder auch erneuert ist, ist das ursprüngliche Altarbild voll erhalten. Der Altar selbst wurde 1778 neu erstellt. Er gefällt durch einen harmonischen Aufbau mit zwei Säulen an den Seiten und dem hl. Josef mit der Lilie links und dem hl. Joachim mit Pilgerstab rechts. Das Altarbild zeigt die Mutter Gottes von Dorfen, von Engeln umschwebt, auf einem Thron, zu ihren Füßen die Kirche Maria Dorfen im Isental. Im Vordergrund des Bildes drängen sich Kranke und Krüppelhafte zur „Allerseligsten Jungfrau und Mutter Gottes Maria (im Spruchband der Engel: Beatissima Virgo Mater Dei Maria) um Erhörung und Fürbitte (über dem Bild: Mater Amabilis, ora pro nobis: Du liebliche Mutter, bitt' für uns).

Hilgerkapelle mit in die Straße vorspringendem Vordach

Da der Kapelle auch noch ein Ablaßbrief für das Fest Maria Opferung (21. November) vom Papst erteilt wurde und Seefeldner einen Kreuzpartikel als verehrungswürdige Reliquie von Rom erhalten hatte (mit Attesten über die Echtheit) waren die Voraussetzungen für regen Besuch des Kirchleins gegeben. Zwei Jahre nach seiner Errichtung mußte es um die Sakristei und den Turm vergrößert werden, in dem zwei „Glöckl" die Gläubigen zur Andacht rufen. Die größere ist immerhin 100 kg schwer. Durch Stiftungen sammelte sich nicht nur zahlreiches Inventar - Silber- und Zinnutensilien, Paramente, Kirchenwäsche u.ä. - an, sondern auch ein ansehnliches Vermögen. 1803, im Jahr der Säkularisation, besaß es nicht weniger als 1.700 Gulden, die zu 4 % Zins ausgeliehen wurden.

Dem Abriß entgangen

Die Säkularisation war auch für unsere Kapelle ein einschneidendes Datum, und es begann ein Kampf ums Überleben. Das Schicksal unseres Kirchleins hing an einem seidenen Faden. Die Behörde fand es als überflüssig und wollte 1803 und 1809 seine Auflassung, d.h. Schließung, wozu es jedoch Gott sei Dank nicht kam. Da kein Geld mehr vorhanden war, kein wohltätiger Stifter sich mehr fand, auch die Pfarrkirchenstiftung finanziell völlig überfordert war, war der bauliche Verfall kaum aufzuhalten. So erfolgte 1867 erneut der Beschluß, die Kapelle abzubrechen: Berchtesgaden besitze im Marktbereich allein drei große Kirchen, so bestehe keine Notwendigkeit zum Erhalt dieses Kirchleins. Nun aber kam, wie durch Gottes Fügung, eine unerwartete Hilfe: Das Kirchlein stand auf Salzberger Gemeindegrund, und diese Nachbargemeinde wollte es nicht hinnehmen, daß ein so schönes Gotteshaus mir nichts dir nichts abgebrochen würde. Sie bat um Überlassung des Kirchleins, und das Berchtesgadener Pfarramt war froh und glücklich, es der Gemeinde Salzberg schenken zu können. Eine der Vertragsabmachungen: Die Gemeinde Salzberg sorgt von nun an für den baulichen Erhalt und alle sonstigen Lasten. Mit einer Stiftung von 50 Gulden des Verlegers Andreas Kaserer konnten dringend nötige Reparaturen vorgenommen werden, fehlende Beträge wurden durch Sammlung aufgebracht. So konnte das Kirchweihfest 1867 mit einer großen Schar Andächtiger im Festschmuck der Kirche und unter Böllerschüssen zur Freude der ganzen Bevölkerung gefeiert werden.

Hilgerkapelle 1958

Nun sind fast 150 Jahre seither vergangen, und das hübsche Rokokokirchlein steht noch immer, seit der Gemeindezusammenlegung wieder auf Berchtesgadener Grund, fest und sicher, gut gewartet, offen zum Besuch und frommen Verweilen. Wir alle können nur einstimmen in das Fürbittgebet: Heilige Maria, Mutter Gottes, bitt für uns.

Kleine Kostbarkeiten

Das kostbare Kreuzpartikelreliquiar wurde 1988 unter erheblichen Kosten renoviert. Es ist ganz interessant, diese Arbeiten der Fachfirma Haber und Brandner, Regensburg, laut Rechnug zu verfolgen: 485 mm hoch - Material: Silber, teils gegossen, teils montiert, mit farbigem Steinbesatz, Perlen, Perlmutt, sechs Reliquienkapseln sowie Kreuzpartikel im Bergkristallkreuz konsequent restauriert und renoviert, d.h. alles komplett demontiert, sämtliche Zinnlötstellen mechanisch entfernt, alles ausgerichtet sowie Deformationen beseitigt, alle Rißstellen mit Silberhartlot geschlossen, sämtliche Gewinde und Muttern überprüft, im Sockelbereich größtenteils artgleich erneuert, 74 Glassteine artgleich ergänzt, zwei Zargenfassungen am Sockel artgleich ergänzt, ansonsten mehrere Krappenfassungen am Sockel ergänzt, alles teils mechanisch, teils chemisch gereinigt, Fehlstellen an der Vergoldung mittels Goldanode eingestimmt, alles mit Mikrokristallinwachs konserviert, alles zusammengestellt und montiert. - Dieses wertvolle Reliquiar wird aus Sicherheitsgründen im Heimatmuseum aufbewahrt.

Daß unsere Hilgerkapelle auch heute noch eine lebensvolle religiöse Glaubensstätte ist, zeigt das sogenannte „Heilige Grab", das am Karfreitag und Karsamstag zu sehen ist. Es ist eine Nachbildung des Heiligen Grabes in Jerusalem, wie sie in der Barockzeit in Süddeutschland in vielen Kirchen zu sehen waren. Mit Triumphbogen und

bunten Glaskugeln wurden diese Gräber als „spectaculum sacrum" gestaltet. Das Auf-
suchen der Heiligen Gräber gehörte in der Karwoche vielfach zur vorösterlichen Fa-
milientradition. 1991 fanden zwei Ministranten auf dem Dachboden der Kapelle einen
Korb mit Grabkugeln und einen kleinen Schrein mit einem liegenden Jesus aus Holz,
auch ein Bogen für die Kugeln wurde noch gefunden. Nach Erneuerung bzw. Renovierung der einzelnen Teile konnte nun das „Heilige Grab" wieder aufgestellt werden. Obwohl dieses Heilige Grab der Hilgerkapelle vergleichsweise klein ist, ist es geeignet, den andächtigen Besucher in stille Betrachtung zu versenken.

Von einer Besonderheit des Kirchleins muß noch kurz berichtet werden: In der kup-
fernen Kugel unter dem Kreuz des Turmhelmes ist ein historisches Archiv zur Geschichte der Hilgerkapelle enthalten: Bei jeder Restaurierung wurde eine neue Urkunde
eingelötet. Die älteste stammt aus dem Jahre 1832 und enthält Angaben über das bayerische Königshaus und über den Preis verschiedener Waren, unterzeichnet von Bürgermeister Joh. Bapt. Haller. Bei einer Renovierung des Turmdaches, dessen Holz-
schindeln alt und morsch und von Spechten zerhackt waren, wurde die Übergabsur-
kunde von 1867 in die Turmkugel verbracht. Eine Bemerkung, die noch beigefügt wurde, ist auch heute noch ganz interessant, sie besagt, daß im Juni 1896 so starker Schnee-
fall herrschte, daß das Vieh von der Alm abgetrieben werden mußte. „Das Getreide wurde zu Boden gedrückt, als ob es gewalzt worden wäre." - Bei der Renovierung des Tur-
mes 1957 wurden zwei Urkunden eingelegt. Die eine hat persönliche Mitteilungen des
Architekten zum Inhalt, aber auch weltgeschichtlich Interessantes: „Seit dem 4. Oktober 1957 rast mit einer Geschwindigkeit von 29.000 Stundenkilometern der erste, von
der Sowjetunion in den Weltraum entsendete künstliche Satellit um die Erde." Auch
die zweite Urkunde beschäftigt sich mit der allgemeinen Geschichte: „50 Jahre sind
seit der letzten größeren Instandsetzung der Hilgerkapelle vergangen, zwei Weltkrie-
ge liegen hinter uns, verbunden mit Niederlagen größten Ausmaßes. Dank Gottes Hilfe herrscht heute in unserem freien Deutschland ein Wohlstand mit einem Lebens-
standard wie nie zuvor. - Ein Maurer verdient in der Stunde 2,35 DM." Dann folgen
Preise verschiedener Lebensmittel, Angaben über Bevölkerungsstruktur und Einwoh-
nerzahlen der Gemeinde Salzberg. Jedesmal wurden noch einige gültige Münzen und
Geldscheine beigefügt.

Gesundheitsgefährdende Mißstände in Berchtesgaden und Typhus-Epidemie

Verpestende Cloaken Gerüche

In den letzten Jahren, ja Jahrzehnten des 19. Jahrhunderts häufen sich in Berchtesgaden Klagen und Beschwerden über mangelhafte öffentliche Reinlichkeit und schlechte sanitäre Verhältnisse. Der Bezirksarzt Dr. Roth schreibt 1902 in einem Bericht, daß „ein Verständnis für hygienische Fragen noch immer nicht in erwünschter Weise allenthalben Platz gegriffen hat." Das Hauptproblem, das zu diesen Klagen führte, war die Frage der Abfallbeseitigung im allgemeinen, besonders „das Ablassen des Inhalts der Düngergruben und Abtritte." Eine Kanalisation, die auch nur im entferntesten modernen Ansprüchen gerecht hätte werden können, gab es nicht. Die Abwässer wurden in hölzernen, offenen Rinnen in den Kupplergraben, den Kapellitschgraben, auch in den Klosterbach eingeleitet. Vielfach blieb der Unrat (Jauche, Fäkalien) liegen, was besonders bei trockenem Wetter geschah. Den Gestank, aber auch die permanente Gesundheitsgefährdung, kann man sich vorstellen. In diesem Kapitel sollen einige Hauptmißstände aufgeführt werden. Sie mögen zeigen, welche Zustände vor gut 100 Jahren noch in Berchtesgaden herrschten und welche Riesenaufgaben die Gemeinde zu bewältigen hatte.

Über welche Mißstände gab es nun „wohlbegründete Klagen?" 1877 beschwerte sich Frau Kapellmeister Frank über den Holzkanal des Bindermeisters Boos, der die Fäkalien „des mit Bewohnern überfüllten Hauses" in den Kapellitschgraben abführt, aber Ausdünstungen verbreitet, „welche die Luft geradezu mit verpestenden, sanitätswidrigen Cloaken Gerüchen erfüllen." Auch später hören wir immer wieder von den haarsträubenden Zuständen, so 1889: „Der Inhalt der Abtrittsgrube des Bindermeisters Boos fließt durch eine hölzerne Rinne in den offenen Kanal und ist diese hölzerne Rinne derart defekt, daß deren Inhalt nach beiden Seiten frei ausläuft."

Vielfach war es das Bezirksamt, das auf Mißstände hinwies und die Gemeindeverwaltung aufforderte, sie abzustellen und zu beseitigen. So machte das Amt auf die Unsauberkeit unter den Schloßbögen und hinter den Fischkaltern aufmerksam. Hier allerdings gab die Gemeinde die Beschwerde weiter an die Schloßverwaltung, die in diesem Fall zuständig war. Sie mußte „die so sehr frequentierte Passage gründlich reinigen und wieder passierbar machen." Immer wieder werden in den Akten als besonders unreinliche Örtlichkeiten „die öffentlichen Aborte" hinter dem Kirchhofe und das Pissoir an der Franziskanerkirche genannt, aber auch besonders die „Beer'sche Wirtschaft im Nonntale". Es wurde von Seiten der Gemeinde angeordnet, gedeckte Gruben herzustellen. Zwei Jahre später, 1884, fand das Bezirksamt bei einer erneuten Besichtigung an diesen Stellen wieder die gleichen Mißstände vor.

Die Berchtesgadener Wirtshäuser gaben besondere Veranlassung zu Beanstandungen. Schlimm, ja himmelschreiend, war „die Düngerstätte zum Hotel Watzmann, sie widerspricht allen sanitären Anforderungen. Dieselbe ist völlig offen und der Sonne ausgesetzt, in sie wird jeder Unrat von der Fleischbank, der Mist des Schweinestalls geworfen. In Mitten von Wohngebäuden gelegen verbreitet sie pestialische Düfte und bildet einen Sammelpunkt für Insekten, welche durch Übertragung von Leichengift aus den Abfällen der Fleischbank menschliche Gesundheit gefährden können." Eine spätere Besichtigung kam zu dem Ergebnis, daß die vorgeschriebenen Verbesserungsarbeiten nicht durchgeführt worden waren: die Dungstätte war weder eingesenkt noch eingedeckt noch ummauert worden.

Es ist merkwürdig, ja kaum verständlich, wie sorglos und leichtfertig die Berchtesgadener mit dem Problem der Abfallbeseitigung umgingen. So wurden die öffentlichen Anlagen in der Postwiese wiederholt durch Einwerfen von Tierkadavern und Gedärmen verunreinigt. Das war schon keine sorglose Tat, sondern mehr eine mutwillige, wenn nicht boshafte Besudelung.

Im Hotel Post liefen die Aborte häufig über auf die anstoßenden öffentlichen Wege und verbreiteten einen „unerträglichen Gestank." Es wurde auch Beschwerde geführt, daß aus dem Gasthof „zu den Vierjahreszeiten der Kanal vor dem Hause durch Abortflüssigkeiten und andere Abfälle derart verunreinigt sei, daß sich vorübergehende Fremde wegen des üblen Geruchs beschwerten ... Der Kanal sei so voll, daß das Wasser sich staut. Es sei keine genügende Grube angelegt, so daß die ganze Unreinigkeit der Aborte mit dem Abwasser abläuft." Wiederholte Klagen gab es auch über die Stallungen des Hotels Vierjahreszeiten, sie verpesteten mit ihrem „höchst üblen gesundheitsschädlichen Duft die Luft." Trotz fortwährender Überwachung und Strafandrohung gab es immer wieder neue Umweltverschmutzungen. So wurde im Kurhotel Wittelsbach mangels einer gedeckten Grube im Hofraum eine große offene Kiste aufgestellt für den Hausunrat und die Küchenabfälle „wie Knochen und faule Eier." Die Folge: „Ein weithin wahrnehmbarer übler Geruch." Da der Besitzer der Aufforderung der

Schutzmannschaft, die Kiste samt Inhalt zu entfernen, nicht umgehend nachkam, wurde er dem „Herrn Amtsanwalt" angezeigt.

Die Gesundheitskommission

Angesichts der geschilderten Mißstände, die nur eine kleine Auswahl darstellen, forderte das kgl. Bezirksamt Berchtesgaden schon 1875 vom Marktmagistrat, eine Gesundheitskommission zu bilden. Offenbar wollte der Magistrat zunächst davon nichts wissen, denn wir hören erst 1887 von einer solchen Kommission. Sie machte am 20. Juli ihren ersten Rundgang. Interessanterweise monierte sie erst einmal die unerträgliche Staubplage auf den öffentlichen Plätzen und Straßen. Natürlich wurden auch gleich die skandalösen Zustände der öffentlichen Abtritte und der mangelhafte Abfluß der Jauche in den hölzernen Rinnen beanstandet und Abhilfe dieser Mißstände gefordert. Von diesem Zeitpunkt an trat die Gesundheitskommission oft und immer wieder zusammen und traf sich zu Ortsbegehungen und machte Meldungen über angetroffene Übelstände. Bei Durchsicht der Akten hat man durchaus den Eindruck, daß die Mitglieder dieser Kommission ihre Aufgabe ernst nahmen, sie hatten auch eine Menge zu tun.

Anfänglich gehörten ihr nur einige Herren an, nämlich Dr. Roth, kgl. Bezirksarzt, Dr. Lacher, prakt. Arzt; Apotheker Lamprecht, Hotelbesitzer Krößwang und Bürgermeister Kerschbaumer. Später wurde der Kreis der Mitglieder erweitert und wir finden dabei die Herren Schwarzenbeck, Villabesitzer; Dr. Preiß, prakt. Arzt; Michael Weiß, Kaufmann; Fr. Bauer, Distriktsierarzt; Georg Wenig, Distriktstechniker. Im Laufe der Jahre tauchen immer wieder neue Namen auf, so z.B. Pfab, Papst, Groll, Reinbold, Miller, u.a.

Später stellte sich heraus, daß es zweckmäßig, ja unumgänglich war, die Tätigkeit der Kommission auch auf die Gemeinden Bischofswiesen, Salzberg, Königssee und Schönau auszudehnen. Zu diesem Zweck sollten die genannten Gemeinden je einen Vertreter benennen und entsenden. „Ins Auge gefaßt sind dabei Vorkommnisse von allgemeinem Interesse, welche sanitäre Maßnahmen in ausgedehnterem Maße bedingen."

1893 erließ die Marktgemeinde neue ortspolizeiliche Vorschriften, in denen zahlreiche Paragraphen der Reinlichkeit im Markte und der Anlage und Errichtung von

Abtritten, Dung- und Versitzgruben gewidmet sind. So heißt es in Paragraph 71: „Dünger-, Jauchen- und Abtrittgruben müssen fortwährend möglichst luftdicht eingedeckt sein und sind dieselben so zu verwahren, daß nicht Jauche oder Odel auf die Straße dringt. Das Ablassen des Inhalts derselben in Kanäle, Straßenrinnen etc. ist verboten." Anlaß zu diesem Paragraphen gaben Vorfälle und Gewohnheiten, die in heutiger Sicht jeder Beschreibung spotten, wie z.B. „Das Abfließenlassen von Blutmassen, Lauge und Unrat von Häusern, Höfen, Schlachthäusern etc. in die Straßenkanäle." Marktverwaltung und Bezirksamt hatten dabei sehr wohl auch die Gefahr der Entstehung und Verbreitung ansteckender Krankheiten im Auge. 1882 wurde Klage geführt, daß aus einem Privathaus sich nicht nur „die Jauche, sondern überhaupt der größte Teil des Unrates in den durch den Markt führenden Kanal ergoß, so daß sich die „Senkgrube im sog. Lacknergäßchen mit stinkenden Excrementen füllte."

Die Gesundheitskommission empfahl angesichts solcher übler Verhältnisse „bis zur Ermöglichung systematischer Canalisation" diese Kanäle wenigstens provisorisch mit Schwartlingen abzudecken und öfter von den Hindernissen des Wasserabflusses zu befreien. Das Bezirksamt schrieb an die Gemeinde, daß sie „wenigstens während der Fremdensaison im eigensten Interesse erhöhten Eifer zur Erzielung größerer Reinlichkeit" entwickeln solle.

Vor allem beim Spitalmeierhof und den umliegenden Anwesen ergab eine Besichtigung „Zustände, welche absolut unhaltbar sind" ... Im Kapellitschgraben, in den „die stinkende Jauche" floß, blieb diese wegen Wassermangels „sitzen" und verursachte einen „entsetzlichen Gestank." - Besondere Mißstände ergaben Besichtigungen des 1890 erbauten Schlachthauses unten an der Ache. Hier warfen die Metzgerburschen die Gedärme und „den aus den Mägen entleerten Dünger" einfach in die Ache, wo alles bei Niedrigwasser liegen blieb. - Bei der Gerberei Hampel am Fürstensteinweg fand sich ein besonderer Übelstand: Besonders im Sommer entstieg den Gruben dort ein „mephitischer Brodem" und der Weg wurde „von einer ekelhaften Jauche überzogen."

Wie gefährlich solche „sanitären Mißstände" sein konnten, zeigt die Tatsache, daß beim „Mitterweinfelderhofe" sich ein Brunnen gleich neben einer Dungstätte befand. - An dem steilen Wiesenhang zwischen Locksteinweg und Bruderhaus wurde mit Fäkalien gedüngt, was nicht nur höchst ekelerregend, sondern auch gesundheitsgefährdend war. Die Gemeinde reagierte darauf in ihren ortspolizeilichen Vorschriften 1893: Im § 79 heißt es: „Das Düngen der Felder und Wiesen mit Pferde- und Rindviehmist

ist während der Zeit vom 1. Juni bis 1. September verboten. Das Düngen der Felder und Wiesen mit Abtrittdünger und Schweinemist ist überhaupt verboten." Später verlängerte man die Pause, in der nicht gedüngt werden durfte, vom 1. Mai bis 1. Oktober. Außerdem traf die Gemeinde die Anordnung, Abtritte mindestens einmal pro Woche mit Carbolsäure oder Carbolkalk zu desinfizieren. Sollte sich bei einer Nachschau durch die Schutzmannschaft ergeben, daß dies nicht geschah, „wird unnachsichtlich Strafantrag gestellt." Die Gemeinde hatte begriffen, daß Aufrechterhaltung der öffentlichen Reinlichkeit zu den vitalsten Interessen des Marktes gehörte.

Man muß sich aber auch die Situation der Bevölkerung vor Augen führen und die Frage stellen, wohin mit den Abfällen und dem Unrat? Es gab keine öffentliche Müllabfuhr, es gab auch keine ausgewiesenen Plätze zur Ablagerung. So ist es verständlich, daß die Ache als Abtransportmittel in Frage kam und sich die Gemeinde bemühte, einen Einwurfplatz zu finden. So fragte sie bei der Gemeindeverwaltung Salzberg an, ob es erlaubt sei, den Unrat bei der Gollenbachbrücke in die Ache zu werfen. Salzberg antwortete, dies könne auf der Brücke geschehen, „weil an den Ufern immer Beschwerden ergingen, daß der Unrat liegen bleibe." Natürlich mußte in diesem Falle auch das kgl. Hauptsalzamt gefragt werden, denn die Ache befand sich von der Frauenreuthbrücke bis zur Freimannbrücke im Eigentum des Salinenaerars. Das Salzamt war mit einer Stelle oberhalb der „Gollenbachbrücke" einverstanden, „da hier eine hohe Ufermauer sich befindet, welche das Abstürzen des Unrates begünstiget."

Darüber hinaus bemühte sich die Gemeinde um die Anschaffung eines „pneumatischen Apparates zur geruchlosen Entleerung der Aborte." Sie schrieb eine Reihe von Städten an (München, Dresden, Traunstein) mit der Bitte, über deren Erfahrungen auf diesem Gebiete Auskunft zu geben. Obwohl im März 1895 die beiden Gemeindekollegien die Anschaffung eines solchen pneumatischen Apparates beschlossen, mußte die Anschaffung „vorerst sistiert" werden, weil dafür kein Geld vorhanden war.

Die Gemeinde hatte aber auch die Zeichen der Zeit erkannt und wußte, daß es eine wirkliche Sanierung des Ortes nur über eine Kanalisation geben konnte. Eine erste Kanaltrasse wurde 1889/90 in der Maximilianstraße angelegt, allerdings stellte sich später heraus, daß sie sich „als verfehlt" herausstellte, weil sie nicht tief genug lag, um die einzelnen Anwesen „gründlich entwässern zu können." Für einen Umbau dieser Kanalstrecke fehlten der Gemeinde aber die Mittel.

Es mußte aber in Berchtesgaden, wie in anderen Orten und Städten, dringend etwas geschehen, denn Krankheitsfälle infolge unmöglicher sanitärer Verhältnisse, fehlender Kanalisation und verunreinigten Trinkwassers häuften sich - so auch in Berchtesgaden.

Typhusepidemie

In den Jahren 1893/94 gab es in Berchtesgaden erste Hinweise auf Typhuserkrankungen, und zwar waren es Krankheitsfälle in der Gegend des Nonntals. Immerhin führten diese Typhusfälle, die von Berchtesgadener Seite eher bagatellisiert wurden, zu privaten und amtlichen Anfragen, ob in Berchtesgaden eine Typhusepidemie herrsche. Besonders in Berliner und Potsdamer Ärztekreisen fanden diesbezügliche Gerüchte Verbreitung. Das war natürlich für Berchtesgaden sehr unangenehm, denn gerade von Berlin kamen viele Kurgäste nach Berchtesgaden. Man schob in Berchtesgaden die Schuld schlechten Trinkwasserverhältnissen zu und glaubte nach durchgeführten Vorsichtsmaßnahmen - Sperrung von Privatquellen, Desinfektionen, Entwässerung von Anwesen, Zuführung neuer Quellen zum Trinkwasser - sich „in sanitärer Beziehung unbedenklich den ersten Luftkurorten" an die Seite stellen zu können. Man argumentierte auch etwas zu sorglos damit, daß das Vorkommen solcher Erkrankungen „fast bei allen alten menschlichen Ansiedlungen zu beobachten" sei. Man gab, vor allem auch nach Berlin, die „amtliche Versicherung, daß der Aufenthalt in Berchtesgaden in sanitärer Beziehung gänzlich unbedenklich ist." Diese Zusicherung war allerdings - leider - etwas voreilig abgegeben worden.

10 Jahre später, 1904, ereigneten sich wieder Typhusfälle. Die ersten Erkrankungen datierten aus den ersten Augusttagen, nicht wie 10 Jahre zuvor im Winter, und man sah daher diesmal als Ursache die heiße Jahreszeit. Diesmal schlug „die Angelegenheit" vor allem auch außerhalb Berchtesgadens hohe Wellen. Der Münchner Stadtanzeiger berichtete am 21. September 1904, daß bisher 15 Fälle bekannt wurden, wovon drei tödlich verliefen. Darunter war eine Krankenschwester des Berchtesgadener Distriktskrankenhauses und ein Kutscher des Kronprinzen Rupprecht. Zur allseitigen Beruhigung legte man Wert auf die Feststellung, daß die „Prinzessin Rupprecht, trotz dieses Krankheitsfalles, auf der Fortsetzung des Sommeraufenthaltes dahier bestanden hat." In Berchtesgaden selbst erlitten nur drei Personen eine Typhuserkrankung,

eine Person in der Gemeinde Salzberg, die Mehrzahl in Bischofswiesen, und zwar vor allem in dem Bezirk der Villen in der Stangaß. Am Ende der Krankheitswelle waren es 18 Personen, die an Typhus erkrankt waren.

Auch diesmal redete man die Erkrankungen herunter, es könne von einer Epidemie nicht die Rede sein. Am 18. Oktober berichtete der Münchner Stadt-Anzeiger, daß man die Krankheit als „erloschen betrachte". Neue Nahrung erhielten Befürchtungen durch den Umstand, daß diesmal der Prinzregent „bei seinem Jagdausflug Berchtesgaden nicht berührt." Zur Beruhigung wurde darauf hingewiesen, daß andere höchste Herrschaften, wie die Prinzessin Rupprecht, die Prinzessin von Meiningen, die Großherzogin von Mecklenburg-Schwerin und der Prinz von Baden durchaus in Berchtesgaden weilten oder noch ihren Kuraufenthalt verbringen. Trotzdem sprach man in Berchtesgaden bereits von einer schlechten Saison. Und nun ging man auch auf die Suche nach den Schuldigen.

Während man seit den letzten Typhusfällen vor 10 Jahren in Berchtesgaden „mit äußerster Kraftanstrengung nahezu 300.000 Mark auf einer Strecke von über 3 Kilometer" in eine Kanalisation verbaute, geschah in den Nachbargemeinden nichts. Hier meinte man vor allem Bischofswiesen, das allerdings nun bestrebt war, sich mit dem Villenviertel der Berchtesgadener Kanalisation anzuschließen. Aber auch die Trinkwasserverhältnisse mußten gebessert werden. Offenbar war das Trinkwasser von schlechter Qualität - trotz wiederholter bakteriologischer Untersuchungen. Es wurde geschildert, daß „das Wasser sich häufig trübt, erdige Bestandteile, Pflanzenreste, Infusorien mit sich führt." So gewann nun der Plan Gestalt, im Wimbachtal das Trinkwasser für Berchtesgaden zu gewinnen. In den ersten Jahren des 20. Jahrhunderts wurde so neben der Kanalisation auch die zentrale Trinkwasserversorgung aus dem Wimbachtal mit dem Sammelbauwerk, der Hochquellenleitung und dem Hochbehälter am Kälberstein erbaut. Berchtesgaden erhielt damit ein Trinkwasser von hervorragender, einmaliger Qualität, um das man uns nur beneiden kann.

Die Kanalisation

Die Geschichte der Berchtesgadener Kanalisation würde, in allen Einzelheiten erzählt, ein eigenes Buch ergeben. Vielleicht, sicher, haben die Typhusfälle der Vergan-

Kläranlage auf dem Kiliansfeld. Das Grundstück war von der Marktgemeinde 1959 gekauft worden, Baubeginn der Kläranlage 1960

genheit dazu beigetragen, daß es zu dieser segensreichen, viele Millionen teuren Anlage kam, die für uns alle ein großer Gewinn ist.

Die Marktgemeinde erbaute in den Jahren 1895/96 eine erste, bescheidene, und dann 1905/06 eine schon recht ansehnliche Kanalisation, deren verschiedene Stränge den Markt in seinen Hauptteilen erfaßte und entwässerte. Allerdings mündeten alle Kanäle in die Ache, so daß auch diese Anlage von unserem heutigen Standpunkt aus als nicht ideal zu beurteilen ist.

1958/59 entstand ein Hauptsammlerkanal, für den nun 1960 eine eigene Kläranlage am Kiliansfeld errichtet wurde. Nach ei-

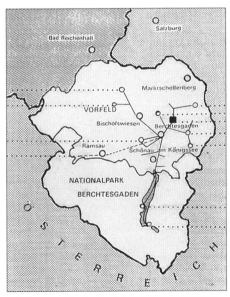

Anfangspunkte der Berchtesgadener Kanalisation
(Aus: Kläranlage Berchtesgaden, S. 7)

nem mechanischen Teil der Anlage wurde 1963 noch ein biologischer Teil dazugebaut. Erhebliche finanzielle Zuschüsse von Seiten des Bundes, auch des Bayerischen Staates, ermöglichten dieses aufwändige Projekt, das 1983 auf die doppelte Kapazität erweitert wurde. 1977/78 erfolgte eine erneute Modernisierung. Gerade auf diesem Gebiet schreiten Wissenschaft und Technik schnell voran.

Die Kanalisation Berchtesgadens ist weitverzweigt, ein Netz von Abwasserkanälen von 170 km (im Jahr 1992) Gesamtlänge durchzieht unsere Gemeinden, und immer noch wird daran weitergebaut. „Kein Jahr ohne Kanalbau", so müßte es auf diesem Gebiet der Gemeindeaktivitäten heißen. Einige Pumpstationen sind nötig, um die Abwässer unter der Ache hindurchzupumpen.

Wenn der Hausbesitzer heute vielleicht mitunter über die Abgaben für Trinkwasser und Abwasserbeseitigung klagt, so soll dabei bedacht werden, welche Riesenanlage hier erbaut wurde und betreut werden muß. Nach den in diesem Kapitel geschilderten Vorfällen und gesundheitlichen Mißständen sind eine gut funktionierende Kanalisation und einwandfreies köstliches Trinkwasser ein wahrer Segen für die Bevölkerung.

Der Berchtesgadener Bahnhof
Mängel des alten Bahnhofs

Als am 1. Februar 1940 der neue Bahnhof mit der Schalterhalle in Betrieb genommen wurde, war dies der vorläufige Endpunkt einer langen Entwicklung. Die Entstehung dieses Bahnhofs und des Bahnhofplatzes ist ein gutes Beispiel für die immer wieder gewonnene Erfahrung, daß die Verwirklichung selbst höchst notwendig erachteter Projekte ihre Zeit braucht.

Stationsgebäude des alten Berchtesgadener Bahnhofs um 1900 (Verkehrsmuseum Nürnberg)

Der „alte" Berchtesgadener Bahnhof war 1888 als Endpunkt der Bahnlinie Reichenhall - Berchtesgaden in Dienst gestellt worden. Der Eröffnung dieser Eisenbahnlinie folgte eine wesentliche Zunahme des Fremdenverkehrs, so daß sich bald Unzulänglichkeiten des Bahnhofs mit seinen Gleisanlagen und Bahnsteigen herausstellten. Von den 20er Jahren an reißen die Beschwerden, aber auch die Anträge um Verbesserungen der Gemeinde und der Fremdenverkehrs-Organisationen nicht mehr ab. „Es mangelt an allem, was der Bahnhof eines Ortes von der internationalen Bedeutung wie

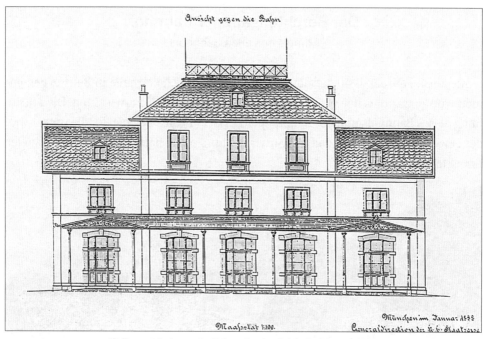

Stationsgebäude von der Bahnsteigseite, Originalzeichnung 1888
(Aus: „100 Jahre Eisenbahn Bad Reichenhall-Berchtesgaden 1888-1988)

Berchtesgaden haben muß" hieß es in einem Schreiben von 1928, das Gemeinderat, Kurdirektion und die beiden Fremdenverkehrsvereine Berchtesgaden und Berchtesgaden-Land an die Deutsche Reichsbahngesellschaft richteten. Es gab keine Gleisunterführungen, so daß die Reisenden mit Kind und Kegel, d.h. mit ihrem gesamten Gepäck, entweder über andere Züge klettern oder in einem langen Marsch um diese herumhasten mußten. Beim Ein- und Ausgang spielten sich im Gedränge der Passagiere häßliche und nervenaufreibende Szenen ab, da nur jeweils ein Aus- bzw. Eingang vorhanden und geöffnet war. Aus sogenannten „Sicherheitsgründen" wurde zudem der Eingang nur wenige Minuten vor Abfahrt des Zuges geöffnet. Es entstand ein „furchtbares Gedränge ... das für viele Reisende, vor allem für Frauen und Kinder außerordentliche Aufregung" mit sich brachte.

Nur zu bald sollte es sich erweisen, daß die Warnung vor Unfällen bei diesen völlig unzulänglichen und unzumutbaren Verhältnissen ihre volle Berechtigung hatte. Der Berchtesgadener Anzeiger schrieb in seiner Ausgabe vom 3. Juli 1928: „Am Samstag Abend kurz nach 7 Uhr stieß ein rangierender Leerzug mit dem zur Abfahrt nach Mün-

Zugunglück im Berchtesgadener Bahnhof am 30.6.1928

chen bereitstehenden Personenzug seitlich zusammen. Der zweite Wagen des vollbe-
setzten Zuges neigte sich dabei stark zur Seite, während der auffahrende leere Wagen
entgleiste und sich, in fast waagrechter Lage schwebend, an dem angefahrenen Wagen
festkeilte. Verletzt wurde zum Glück niemand ... So wie die Verhältnisse liegen, muß
man täglich mit einer Katastrophe rechnen".

Inzwischen hatte die Deutsche Reichsbahngesellschaft das Gelände der Saline Frauenreuth gekauft und die 1928 stillgelegten Salinengebäude abgebrochen. Obwohl nun
Platz für eine Erweiterung der Bahnhofsanlagen vorhanden war - Geldmangel verhinderte einen grundlegenden Ausbau. Man war sich auch noch gar nicht im klaren,
wie ein zukünftiger Bahnhof aussehen sollte. Mehrere Möglichkeiten und Pläne wurden diskutiert: Ein Kopfbahnhof mit zwei Stockwerken war im Gespräch, wobei in Bo-
denhöhe die Einfahrtsgleise, im Untergeschoß die Betriebsräume und Fahrkarten-
schalter vorgesehen waren, oder man wollte lediglich die Gleise verlängern. Immerhin
kam es 1931/32 zum Neubau einer Güterhalle, zu einer zusätzlichen Gleisanlage von
250 m Länge, zu drei neuen Bahnsteigen und zu der so dringend geforderten Bahn-
steigunterführung. Auch die Verlängerung des eisernen Steges wurde vorgenommen,
wobei ein „großer Teil des Kugelfeldberges" abgegraben wurde. Ein neues Bahnhofs-

Blick auf das Bahnhofsgelände 1932

Bahnhofspost mit Postautopark 1930

„Hotel Bahnhof" mit Pferdedroschke, 1936 vor dem Abbruch

1921: Vor dem Stationsgebäude, Ankunft der „Fremden" und „Gepäcktransport"

gebäude allerdings blieb noch immer ein fernes Traumziel. Die Reichsbahn gab bei der „derzeitigen Wirtschaftslage" Vorhaben in anderen Orten den Vorzug.

Neuer Bahnhof und Hauptpost entstehen

Erst als 1933 Adolf Hitler Reichskanzler wurde und auf dem Obersalzberg allmählich so etwas wie ein zweiter Regierungssitz entstand, änderte sich die Lage vollkommen. Nun bekam der Berchtesgadener Bahnhof ein ganz anderes Gesicht, eine ganz besondere, herausragende Bedeutung. Für Sonderzüge hoher Politiker und ausländischer Staatsmänner, aber auch für die KdF („Kraft durch Freude") Züge mußte eine totale Neugestaltung des gesamten Bahnhofterrains mit großer Kapazität und repräsentativen Gebäuden her. 1935 erhielten der Generalinspekteur Dr. Todt und der Chef der Reichskanzlei Dr. Lammers den Auftrag, dieses Projekt umzusetzen. Dabei sollte auch der ganze Bahnhofsplatz ein neues Gesicht bekommen, war er doch der Ausgangspunkt für das an der Stelle des abgerissenen Schlößchens Lustheim geplante große Parteiforum.

Ganz so schnell sollte es aber auch jetzt nicht gehen. Ein so großes Bauvorhaben braucht seine Zeit, so für die Planung, für die Lösung der Grundbesitzverhältnisse, für die Übereinstimmung aller Beteiligten wie Reichsbahn, Reichspost, Straßenbauamt, Gemeinden, Fremdenverkehrsverein, Privatpersonen. Von der Gmundbrücke ab war eine Verlegung der Gleisanlagen und der Alpenstraße nötig. Da ging es zunächst um das „Lamplanwesen", dessen Grundstück dringend gebraucht wurde. Es handelte sich um 4.500 qm, die der Fremdenverkehrsverein einige Jahre vorher um 35.000 M erworben hatte. Nun wollte er das Geschäft seines Lebens machen und bot das Anwesen um 75.000 M zum Kauf an und stellte dazu eine ganze Reihe von (fast unannehmbaren) Bedingungen. So käme ein Verkauf nur in Frage, wenn die Reichspost entsprechende Plätze und Gebäude gegenüber dem jetzigen Bahnhof kostenlos zur Verfügung stellen würde. Dazu sollten die 75.000 M nicht in bar, sondern gegen gleichwertige Grundstücke abgerechnet werden. Man stellte sich dabei Grundstücke am Holzlagerplatz am Totengraben oder gar den Hofgarten vor. Diese wirklich unerfüllbaren Forderungen waren ausgedacht und aufgestellt worden von Dr. Stoll (1. Bgm. von Berchtesgaden), Dr. Beck, Dr. Seits (prakt. Ärzte, Fremdenverkehrsverein), Zeits (1. Bgm. von Schönau), Dr. Berkmann (Kurdirektor). Natürlich war man auf der Gegenseite entrüstet, vor allem Ortsgruppenleiter Brehm war empört, weil die oben genannten Herren alle Parteimitglieder waren (Mitglieder der NSDAP). „Es ist unbegreiflich, daß Parteigenossen gegen ein Vorhaben, das im Interesse der Allgemeinheit liegt ... derartig Stellung nehmen ... Wenn diese Bedingungen aufrecht erhalten werden, ist die Ausführung des Vorhabens unmöglich." Und als besonderes Argument fügte er an „Es liegt auch im Interesse des Führers." Die Kreisleitung wurde um Hilfe gebeten, die offensichtlich gewährt wurde und Erfolg hatte.

1935 wurde nun das Projekt ausgearbeitet, das eine Neugestaltung des gesamten Bahnhofbereichs zum Ziel hatte. Es folgten auch Kostenberechnungen, so auch über Abriß des Bahnhofhotels und des Anwesens Holzeis. Staatssekretär Dr. Lammers informierte den Führer am Obersalzberg über die schwebenden Fragen, wobei Hitler größtes Interesse zeigte.

Im August 1935 wollte das Reichspostministerium vorerst nicht mehr in weitere Verhandlungen eintreten, vor allem nicht, solange die Fragen über die künftige Gestaltung des Bahnhofsplatzes nicht gelöst waren. Aber schon wenige Monate danach hatte es sich eines Besseren besonnen, es zeigte sich aufgeschlossener und genehmigte sogar einen Beitrag von 130.000 RM „wenn der Grund und Boden für das Postdienstgebäude kostenlos zur Verfügung gestellt wird und weitere Straßenbaukosten von der Deutschen Reichspost nicht zu zahlen sind." Auch die verschiedenen Behörden und Reichsstellen feilschten offenbar um jede Mark.

1936 fand eine sog. „Tagfahrt" im Bahnhofwartesaal 2. Klasse mit Vertretern aller beteiligten Stellen statt, bei der die künftigen Eigentumsverhältnisse am neuen Bahnhofsplatz nach dem Umbau festgelegt wurden. Das war wichtig, weil davon die künftigen Unterhaltsleistungen und -pflichten, und damit künftige Kosten und Verantwortungen abhingen. So blieb z.B. die Verpflichtung für die Gemeinde Berchtesgaden bestehen, für den Zustand und die Beleuchtung des Aufgangs zum eisernen Steg und für diesen selbst aufzukommen, obwohl der Steg durch die Baumaßnahmen eine völlige Veränderung erfuhr. Die Gemeinde und der Fremdenverkehrsverein erklärten sich zur Zahlung von je 50.000 M für Grundablösungen bereit. Sie verlangten jedoch eine geräumige und moderne Bahnhofswirtschaft 2. und 3. Klasse, außerdem einen Wohnungsnachweis und ein Reisebüro im Bahnhofsgebäude. Für die Zeit des Umbaus errichtete man auf dem Bahnhofsplatz als Ersatz für die Läden im alten, abgerissenen Gebäude eine Verkaufsbaracke. Die Kosten dafür (5.500 RM) mußten die Ladenbesitzer (Rasch, Holzeis, Beer, Sturm, Huber) anteilig selbst bezahlen.

Um Platz für die Neugestaltung zu gewinnen, wurden nun 1937 das Hotel Bahnhof (1890 erbaut), das 1895/96 errichtete Postgebäude und die alte, traditionsreiche Frauenreuthbäckerei bzw. -mühle abgerissen. 1938 war der Baubeginn für den neuen Bahnhof und die neue Hauptpost. Beide wurden durch einen niedrigeren Mitteltrakt verbunden, so daß ein einheitlicher, großzügiger Baukomplex entstand. Am 1. Februar 1940 ging die Schalterhalle in Betrieb. Inzwischen befand sich Deutschland allerdings schon im zweiten Weltkrieg, und wenn auch wegen des „Blitzsieges" in Polen Euphorie und Siegeszuversicht herrschte - mit dem Anrollen der Sonderzüge und mit dem Massentourismus der 30er Jahre war es bald vorbei.

Im Zusammenhang mit diesem großen Bauprojekt nahm die maßgebende Baubehörde auch die Verwirklichung eines anderen, recht anspruchsvollen Planes in Angriff. Um Salzburg und damit Österreich, das Geburtsland Hitlers, enger mit Berchtesgaden, der „Wahlheimat" Hitlers, zu verbinden, war der Gedanke geboren worden, die Lokalbahn Berchtesgaden - Salzburg in eine zweigleisige Hauptbahn auszubauen. Dazu mußte die alte Bahnstrecke ab 2. Oktober 1938 stillgelegt werden - damit war sie für immer außer Betrieb. In Berchtesgaden entstand ein 250 m langer, breiter Tunnel am Ostende des Bahnhofsgeländes als Anfang der neuen zweigleisigen Hauptbahn.

Im Zusammenhang mit diesen Baumaßnahmen rückte nun auch das Anzenbachfeld in das Interesse der Planer. Dort sollte der neue Güterbahnhof seinen Platz bekommen, ebenso ein Ausladebahnhof für manche Sonderzüge. Auch die Betriebswerkstätten und Hinterstellungsgeleise waren dort vorgesehen. Auch war geplant, den gemeindlichen Bauhof und den Schlachthof dort anzusiedeln. Dieses Gebiet zwischen der früheren Haltestelle Berchtesgaden-Ost und dem Bergwerk sollte den Namen Berchtesgaden-Nord erhalten.

Eine besonders schwierige Stelle im Verkehrssystem Berchtesgadens war - und ist auch heute noch - der Bahnhofsplatz. Auch Hitler hatte sich für eine Lösung dieses Verkehrsengpasses interessiert und seine eigenen Ideen entwickelt: „Die Ache muß noch weiter überbrückt werden ... und zwar bis zur Königsseebrücke, also eine einzige Überbrückung mit ca. 80 m Breite." Der Fußgängerverkehr sollte vom Hauptbahnhof zum Königsseer Bahnhof unter der Straße geführt werden, damit die Queralpenstraße, die nun nach dem Abriß der Frauenreuth-Bäckerei an der Ache entlang führte, nicht überquert werden mußte. Hitler, dem die letzten Entscheidungen vorbehalten blieben, war einverstanden mit der Errichtung eines neuen Bahnhofhotels, eines Geschäftshauses und vor allem mit einem großen Torbogen, dem „Einfallstor zum Parteiforum". Der Parkplatz für den Königsseer Bahnhof war für die Aufnahme von bis zu 1.500 Autos oder 300 Omnibussen geplant. Hitler ließ sich durch den Berchtesgadener Bürgermeister und Kreisleiter Vortrag halten und über alles unterrichten. Er sagte wörtlich: „Berchtesgaden muß ganz modern und fortschrittlich werden und wird großzügig ausgebaut." Er wünschte außerdem „ausdrücklich, daß die Arbeiten mit größter Beschleunigung durchgeführt werden ... um damit zu erreichen, daß nach einigen Jahren regster Bautätigkeit wieder Ruhe im Berchtesgadener Land einkehrt." Wir wissen, daß diese großspurigen und unverhältnismäßigen Pläne nicht verwirklicht wurden. Der 1939 von Deutschland losgebrochene Weltkrieg, der das Land an den Rand der völligen Vernichtung brachte, verhinderte dies. Die übertriebene Bautätigkeit in der „Hitlerzeit" hat Berchtesgaden zwar manchen Fortschritt gebracht, aber auch Verluste an historischen Bauten wie Schloß Lustheim und die Frauenreuthbäckerei.

Heute steht man wieder vor dem Problem einer Neugestaltung des Bahnhofsplatzes. Es dreht sich nicht mehr um die Bewältigung des Zugverkehrs, sondern des überhandnehmenden Autostroms. Bahnhof und Post sind inzwischen viel zu groß, vielleicht wird über kurz oder lang der Zugverkehr von Reichenhall ganz eingestellt - wiederholt war schon die Rede davon. Wirtschaftliche und politische Verhältnisse verändern sich - wie die Geschichte lehrt - oft in kürzester Zeit.

Bauarbeiten und Richtfest

Während am 1. Februar 1940 der neue Bahnhof mehr sang- und klanglos die Pforten und die Schalter öffnete, wurde ein Jahr vorher, am 29. März 1939, das Richtfest ganz groß gefeiert. Auf dem Dachstuhl prangte der Firstbaum, riesige Hakenkreuzfahnen verdeckten fast das Haus, eine dichtgedrängte Menschenmenge hatte sich eingefunden, eine beträchtliche Anzahl von Ehrengästen aus München und dem Landkreis war erschienen, kurz, mit Musik, Reden und abschließendem Richtschmaus feierte vor allem die Partei das Erreichen des ersten Bauabschnittes. Gleichzeitig galt das Fest auch der Vollendung des ersten Bauzieles beim Tunnelbau unter der Bahnhofstraße. Es war der Tunnel, der für die künftige zweigleisige Eisenbahn nach Salzburg gedacht war.

Richtfest des neuen Bahnhofs am 29.3.1939 (Aquarell von G.A. Brogle)

Der örtliche Bauleiter, Reichsbahnrat Laupheimer aus München, ging in seiner Rede auf die Baugeschichte ein und hob dabei hervor, daß der Rohbau inklusive Dachstuhl in 9 1/2 Monaten stand. Dabei mußte erst im Juni 1938 das alte Betriebsgebäude der Spitzhacke zum Opfer fallen, d.h. völlig abgetragen werden. Ende Juli war die Baugrube ausgehoben, die immerhin 7,4 m Tiefe erreichte und fast 5 m unter dem Wasserspiegel der Ache liegt. Fundierungsarbeiten und Isolierung waren nicht nur wegen der Größe der Baugrube besonders schwierig, sondern auch, weil sie während einer Dauerregenperiode ausgeführt werden mußten. Mehrere Dichtungsbahnen isolierten die Kellerwanne. Eine besondere Schwierigkeit stellten auch die Absteifungs- und Sicherungsarbeiten gegen das Gleis 1 dar, das aus betrieblichen Gründen voll befahrbar bleiben mußte. Der Abstand der Gleichsachse zum 7 m tiefen Baugrubenboden betrug nur 1,4 m.

Die Handwerker arbeiteten während des Winters 1938/39 voll durch - bei jeder auch noch so ungünstigen Witterung, trotz Kälte und Schnee. Das Erdgeschoß war Ende November aufgebaut, das erste Obergeschoß stand am 10. Januar, das zweite Obergeschoß am 8. Februar. Die Aufstellung des Dachstuhls über dem Dachgeschoß dauerte etwas mehr als drei Wochen. Gerade das Aufrichten des Dachstuhls war durch außergewöhn-

Der neue Berchtesgadener Hauptbahnhof

Bahnhofsplatz mit Bahn- und Postgebäude. Frauenreuthbäckerei, Bahnhofshotel wurden abgerissen,
die Queralpenstraße wurde an der Ache entlang geführt

lich schlechtes Wetter beeinträchtigt: In diesen Wochen fegten Dauerschneestürme über Berchtesgaden hinweg, in der Höhe fielen 3 m Neuschnee. „Unverzagt und ohne auch nur eine Stunde auszusetzen haben sie in Schnee und Wind, Nässe und Kälte gearbeitet ..." führte der Redner stolz aus. Dieses Bauwerk „wird sein ein Schmuckstück des Berchtesgadener Landes."

Der Tunnel

Das Richtfest wurde nicht nur wegen des fertigen Rohbaus des Bahnbetriebsgebäudes gefeiert, sondern auch - wie schon angedeutet - wegen der ebenso weit fortgeschrittenen Arbeiten beim Tunnelbau, die rasch und ohne nennenswerte Zwischenfälle das erste Ziel des Durchstichs erreicht hatten. Am 5. Dezember 1938 waren die unterirdischen Tunnelbohrungen beim Hotel Krone begonnen worden, am 10. März 1939, ein paar Meter vom Garagenhaus des Hotels Bavaria entfernt, war der Tunneldurchbruch erfolgt. Der Tunnel wurde - laut geologischem Gutachten - durch gewachsenen Fels vorangetrieben, der zumeist aus sog. Hallstätter Kalk bestand, der massig und gebankt, aber auch gelegentlich splittrig auftrat.

Einige Zahlen über die Ausmaße des Tunnels, dessen ehemaliger Sinn und Zweck heute vielen nicht mehr bekannt sein mag, mögen noch angeführt werden. Es war eigentlich ein Riesenprojekt, denn durch ihn sollte die zweigleisige Eisenbahnstrecke nach Salzburg führen - ein Plan, der über diese Anfangsarbeiten nicht hinauskam - der Krieg verhinderte die Fortführung. In der Nachkriegszeit sah man keine Notwendigkeit mehr: die Gleise auch der einspurigen Lokalbahn hatten ausgedient und wurden abgebaut. An der Sohle hatte der Tunnel eine Breite von 8,04 m, an der breitesten Stelle in etwa 2,50 m Höhe beträgt die Breite 9,30 m. Die Scheitelhöhe ist mit 7,30 Meter berechnet, die Gesamtlänge ergibt 283 m. Im festen Gestein konnte der Durchbruch im Schnitt 12 m pro Woche vorangetrieben werden. Eine Reihe von Häusern mußte diesem heute so nutzlosen Tunnel weichen, so auch das Hotel Krone.

Tunnelbau beim Hotel Krone, März 1939 (Berchtesgadener Anzeiger vom 22. März 1939)

Hotel Krone an der Bahnhofstraße vor dem Abbruch

Von der Bahnhofstraße und von Trottoirs
Wirtschaftliche Bedeutung der Straßen

Für die wirtschaftliche Entwicklung eines Landes, einer Region, eines Ortes und damit einer menschlichen Gemeinschaft, spielen die Verkehrsverhältnisse eine ganz entscheidende Rolle. Heute spricht man von der „Infrastruktur", deren wichtigste Komponente die Qualität des Straßennetzes ist. An ihm wurde immer wieder gearbeitet, verbessert, mal mehr, mal weniger. Die Güte der Straßen, ihre Breite, ihre Streckenführung, ihr Belag, waren maßgebend für den Personen- und Warenverkehr. Vielfach waren die Straßen nichts als schlecht gewartete Wege, in Talbereichen oft versumpft, daher über Hügel und Berge in oft kaum passierbaren Hohlwegen führend, so daß eine Reise in den damaligen Kutschen oft genug eine wahrhaft abenteuerliche Unternehmung war. Dazu kam, daß in Europa ein geregelter Straßenbau infolge der territorialen Zersplitterung nur schwer möglich war. Da in den Ländern und Städten lange Zeit und bis in die Neuzeit hinein eine autarke Selbstversorgungswirtschaft herrschte, war das Verkehrsaufkommen auf den Straßen auch verhältnismäßig gering.

Neue Impulse in der Entwicklung des Straßenbaus brachte die Industrialisierung des 19. Jahrhunderts, obwohl dabei vor allem die neuen Eisenbahnen den Massengütertransport übernahmen. Einen richtiggehenden Aufschwung des Straßenverkehrs brachte erst die Motorisierung, die zu Beginn des 20. Jahrhunderts einsetzte. Die hohen Anforderungen, welche diese neuen Verkehrsmittel an die Straßen stellten, führten zu Straßenbauten nach modernen Gesichtspunkten. Sie dienen als Nah- und Fernverbindungen vor allem dem Individual- und Reiseverkehr, wobei nicht nur ein besseres, sondern auch ein dichteres Straßennetz nötig wurde. Neue Industrie-Standorte wie auch herausragende Ziele des Massentourismus, aber auch größere Verkehrsdichte, höhere Geschwindigkeiten und schwerere Lastwagen erforderten diesen Entwicklungen angepaßte Straßen. Der heutige Straßenbau ist ebenfalls vollmechanisiert und kennt kaum noch Geländeschwierigkeiten.

Nach diesen kurzen allgemeinen Bemerkungen über die Geschichte des Straßenbaus im letzten Jahrhundert, die uns manches Geschehen in Berchtesgaden besser verstehen lassen, wenden wir uns unseren Straßen, insbesondere der Bahnhofstraße und den Bürgersteigen zu. Im Marktbereich gab es um 1800 nur „Gassen", „Straßen" waren Verkehrswege, die aus dem Ort hinausführten, z.B. nach Reichenhall oder Salzburg. Diese aber waren in solch schlechtem Zustand, daß sie als Wirtschaftswege kaum in Betracht kamen, beziehungsweise nur mit Schwierigkeiten benutzt werden konnten. Die Gewerbetreibenden in Berchtesgaden erbaten sich daher nach dem Ende der Fürstpropstei von der neuen Regierung in Salzburg einen Ausbau der Straße von Salzburg über Schellenberg, Berchtesgaden, Hirschbichl in den Pinzgau („Herstellung einer fahrbaren Straße") und erhofften sich dadurch einen wirtschaftlichen Aufschwung. Unter bayerischer Verwaltung wurde die Marktgemeinde wiederholt aufgefordert, verschiedene schlechte, schadhafte, kaum mehr befahrbare Straßenstellen auszubessern und in gutem Stand zu halten. Anwachsen der Bevölkerungszahl, Vergrößerung des Ortes, Zunahme des Fremdenverkehrs, vor allem auch die häufige Anwesenheit der bayerischen Könige und ihres Hofstaates ließen das Bedürfnis nach besseren Zufahrts- und Ortsstraßen wachsen. So gibt es kaum eine Straße, die nicht - vielfach sogar erhebliche - Veränderungen erfahren hat. Verkehrsgewohnheiten wandelten sich, manche Straßenzüge verloren ihre Bedeutung, andere wurden zu Hauptverkehrsverbindungen, ja entstanden sogar völlig neu. Das Nonntal, früher der Hauptzugang in den Markt, hat heute keinen Zugang mehr in den Innenmarkt und liegt weitgehend still, die alte Reichenhaller Straße über den Doktorberg, früher die einzige Verbindung nach Reichenhall und ins bayerische Nachbarland, hat ihre Funktion völlig verloren, Bahnhof- und Maximilianstraße, früher kaum von Bedeutung, wenn überhaupt schon vorhanden, sind heute die vielbefahrenen Hauptverkehrswege.

Aber nicht nur den Fahrzeugen und ihren Fahrstraßen galten Sorge und Arbeit, auch die Fußgänger wurden mit Verbesserungen bedacht. Noch weit in die Neuzeit hinein waren die Gassen wegen oft stinkender Abfallhaufen und Schmutz und Schlamm kaum benutzbar und in den engen Gassen (Kaserer Eck, Metzgergasssse) bei Fuhrwerksverkehr nur unter Gefahr zu begehen. Anlage von Bürgersteigen verbesserten die Situation der Bewohner und Passanten grundlegend.

Die Bahnhofstraße

Für die Bahnhofstraße, der Verbindung vom Bahnhof zum Markt, gab es vor der Gründung der Saline Frauenreuth (1555) kaum eine Notwendigkeit. Erst dann wurde wahrscheinlich eine erste Verbindung, eine „Urbahnhofstraße" angelegt, die allerdings früher andere Namen trug: von der Frauenreuthbäckerei bis zur Hanserer Kapelle „Frauenreuther Straße", von der Hanserer Kapelle bis zum Hotel Krone „Nesselgraben", beim Wernert-Lidauer Eck „Untere Fischerbichlgasse", darüber die „Obere Fischerbichlgasse". In die Straßenmauer der Bahnhofstraße sind verschiedene Jahreszahlen eingeschlagen (1755, 1898, 1924), die Hinweise auf erfolgte Straßenarbeiten geben. Vor allem seit Inbetriebnahme der Eisenbahn Reichenhall-Berchtesgaden und des Bahnhofs Berchtesgaden stieg das Verkehrsaufkommen auf dieser Strecke sprunghaft an und verlangte daher ständige Anpassungsarbeiten.

Es waren vor allem zwei Probleme, die bewältigt werden mußten: die Verbreiterung der Straße und die Anlage eines Fußsteiges. Wer heute auf dem sauberen geteerten Fußsteig die Bahnhofstraße sicher entlanggeht, kann sich kaum ein Bild machen von dem früheren Zustand, besonders auch bei schlechter Witterung. Bereits 1897 haben sich Anwohner schriftlich bei dem Magistrat über Mißstände in der Bahnhofstraße beklagt: „Seit Jahren bestehen Klagen über zu geringe Breite der Bahnhofstraße und namentlich über Erschwerung des Verkehrs für Fußgänger durch den Mangel eines Trottoirs. Vor allem im Sommer vor und nach Ankunft der Züge spielt sich der große Verkehr ab. Hotelwägen, Omnibusse, Fiaker, Privatfuhrwerke, Lastwagen, Packträger mit Handkarren, Velocipedisten durchmessen oft in größerer Zahl gleichzeitig und, soweit selbe bergabfahren häufig in schleunigstem Tempo die Straße ... Schon der Wagenverkehr, auch der Straßenschmutz verleidet dem Fußgänger die Straße ..." Die Anlieger erklärten sich sogar bereit, einen 1 1/2 m breiten Grundstücksstreifen unentgeltlich für die Anlage eines Bürgersteiges abzutreten. - Ein drittes Problem war dann noch die Haltbar- und Staubfreimachung der Straßen und Gehwege. Gerade der Staub bei Trockenheit und Hitze im Sommer und Schmutz und Schlamm bei Regenwetter waren Plagen, denen vielfach ein aussichtsloser Kampf galt.

Mit dem Beginn des Eisenbahnzeitalters auch in Berchtesgaden 1888 gingen vielfältige Verkehrsveränderungen einher: 1893 wurde die Adelgundebrücke in Dienst gestellt und damit die Königsseerstraße, die bisher hinter dem Schwabenwirt bis zur Johannesbrücke verlief, umgeleitet. Die Straße vom neuerbauten Bahnhof bis zur Hanserer Kapelle (1938 abgerissen) wurde vom Straßen- und Flußbauamt Traunstein als „Staatsstraße" angelegt, was für die Zukunft von Bedeutung war, weil nun auch der Staat die Aufgabe der Unterhaltung und eventuellen Ausbesserung hatte. Weil nun ja auch der Personenverkehr auf der Bahnhofstraße spürbar zunahm, errichtete die Gemeinde

1898 einen Bürgersteig - ein Trottoir, wie es damals hieß, allerdings erst vom Hotel Krone ab. Dieser Gehweg verlief bis Hotel Stiftskeller auf der rechten Seite, querte dann die Straße und ging nun auf der linken Straßenseite. Die Trottoirbreite war im allgemeinen 1,30 m, an der Engstelle beim Wernert Eck nur 0,60 m und bei der Baumgartenallee 1 m. Wegen der großen Steigung wurde der Asphalt stellenweise gerippt „um besseren Halt gegen Ausgleiten im Winter zu bieten." Auf der Bergseite wurde der Graben zugefüllt, wodurch 40-50 cm Fahrbahnbreite gewonnen wurde. Die Straßenbreite betrug im Durchschnitt 5,40 m, beim Stiftskeller sogar 5,70 m, zwischen Wernert und Lidauer nur 3 m. Die Kosten für den Bürgersteig, insgesamt 23.000 M, bezahlten zu einem Viertel die Angrenzer, drei Viertel übernahm die Pflasterzollkasse.

1903 entschloß sich der Verschönerungsverein, der sich ganz in den Dienst des Fremdenverkehrs stellte, einen 210 m langen Gehsteig vom Bahnhof bis zum Hotel Bavaria zu bauen, wozu er einen Staatszuschuß von 210 M erhielt. Für diesen Zuschuß mußte er mit dem Straßenbauamt einen Vertrag mit folgenden Bedingungen schließen: Der Gehweg bleibt Eigentum des Staates, er kann bei Erweiterung der Straße ohne Entschädigung abgetragen werden. Die Unterhaltung jedoch bleibt Aufgabe des Vereins, wobei vor allem an Ausbesserungen und an das Streuen von Salz im Winter bei Vereisung und natürlich auch an das Schneeräumen gedacht war. Auch hatte der Verein die Haftung bei Unfällen zu übernehmen.

Die Bahnhofstraße vom Hotel Bavaria an aufwärts war im wesentlichen dem steilen Berghang abgetrotzt, gegen den sie durch eine Stützmauer gesichert war. Diese Mauer war jedoch offenbar nicht vollkommen standfest und einsturzsicher und so wiederholt eine Gefährdung für den Verkehr. 1892 waren einige Stellen eingestürzt und bedrohten die Bahnhofstraße, und das gerade zu Beginn der Fremdensaison. Die Gefahr solcher Schäden war gerade nach der Frost- und anschließenden Tauperiode des Winters besonders groß. Sämtliche Beschwerden gingen zunächst an den Magistrat, die für alle Sorgen der Bürger zuständige Adresse. Oft war man sich nicht einig, wer für die Ausbesserungsarbeiten zuständige war, und die Verpflichtung hierzu wurde oft zwischen Anlieger, Gemeinde und Staat hin- und hergeschoben.

1921 wagte sich die Gemeinde an eine Verbreiterung der Straße. An die Grundbesitzer trat man heran mit der Anfrage, zu welchen Bedingungen sie einen 1 m breiten Grundstreifen entlang der Straße abtreten würden für „allenfalsige Erweiterung der Bahnhofstraße." Die angesprochenen Grundbesitzer Dr. Roth und Werle erklärten „bereitwilliges Entgegenkommen" und sich zur kostenlosen Abtretung bereit, allerdings unter einer Reihe von Bedingungen: Die Marktgemeinde übernimmt sämtliche Kosten für „solid erbaute Mauer" und deren Unterhalt, für Fällen der Bäume, Anpflanzen junger Bäumchen, Unterhalt der Straße nebst deren Reinigung, bei Vorhandensein eines Trottoirs Schneeräumen, Eisauftauen, Aufsanden, Abfuhr von Schnee und Eis usw.

1924 ging es wieder um die Verbreiterung der Bahnhofstraße. Am 22. August faßte der Gemeinderat folgenden Beschluß: „Die Fahrbahn der Bahnhofstraße ist vom Stiftskeller bis zum Hotel Bavaria um 1 1/2 m zu verbreitern. Es ist mit den Grundeigentümern Engel und Loichinger zum Zwecke der Grundabtretung in Verbindung zu treten." Die Anlage eines Trottoirs lehnte der Gemeinderat ab. Hier war man nicht zu kostenloser Abtretung bereit. Neue Verhandlungen folgten. Offenbar wurde es mit der Verbreiterung damals nichts.

1926 stand erneut die Verbreiterung der Straße zwischen Hotel Bavaria und Hotel Stiftskeller auf dem Programm. Ein Kostenvoranschlag errechnete Aufwendungen von über 51.000 M. Die Arbeiten wurden als Notstandsarbeiten zur Eingliederung von Arbeitslosen in den Arbeitsprozeß anerkannt und staatlich gefördert. Die Stützmauer wurde mit Steinquadern aus dem Kälberstein Steinbruch in der Größe von 40 x 60 cm errichtet, wobei auch umfangreiche Felssprengungen nötig waren.

Die Straße und der Bürgersteig vom Bahnhof bis zur Hanserer Kapelle und zum Hotel Bavaria waren wiederholt ein besonderes Sorgenkind für die Marktgemeinde bzw. den Verschönerungsverein. 1920 war der Bürgersteig in besonders schlechtem Zustand und für die Fremden, die vom Bahnhof in den Markt wollten, ein großes Ärgernis. Der Verschönerungsverein unternahm den - allerdings erfolglosen - Versuch, die Wegstrecke auf Staatskosten oder wenigstens mit einem Staatszuschuß mit einer Pflasterung versehen zu lassen. Die Gemeinde und der Verein begründeten diesen Antrag damit, daß der Verein durch Kriegs- und Nachkriegszeit schwer verschuldet sei (z.B. an die Gemeinde mit 19.000 M) und daß an dem Fremdenverkehr schließlich auch der Staat verdiene. Zum Beweis wurde das Ergebnis von Erhebungen angeführt: Die Post erzielte in der ruhigen Zeit einen Geldumsatz von monatlich 3 1/4 Millionen M, in der Reisezeit aber von 8 Millionen; der Besuch des Bergwerks erbrachte 1919 60.000 M, die Motorschiffahrt Königssee 1920 allein bis September schon Einnahmen von 400.000 M.

Das Straßen- und Flußbauamt Traunstein, die maßgebliche Behörde, ließ sich jedoch nicht beeindrucken. Das Gesuch wurde abgelehnt, weitere Gesuche seien aussichtslos, da das Ärar grundsätzlich keine Fußwege herstelle, diese seien Bestandteile von Ortsstraßen und Aufgabe von Gemeinden. Übrigens habe 1903 der Verschönerungsverein diesen Fußweg angelegt und ausdrücklich dessen Unterhalt übernommen. Für diesemal sprang der Magistrat ausnahmsweise in die Bresche und ließ dieses Wegstück instand setzen. Um diesem Übel ein für allemal abzuhelfen, beschloß der Gemeinderat am 20.3.1925, das Trottoir der Bahnhofstraße mit Kleinsteinpflaster zu befestigen. Nun wollte auch das Straßenbauamt Traunstein nicht zurückstehen und ließ auf die Fahrstraße eine Kitondecke aufwalzen und 4 Wochen später noch eine Oberflächenteerung auftragen. Während der Arbeiten mußte die Straße in den Markt gesperrt und der Fahrverkehr über den Gmundberg umgeleitet werden.

Aber offenbar war dies noch nicht das Ende der Misere: 1930 lesen wir im Berchtesgadener Anzeiger vom 1. Mai unter der provokanten Überschrift „Vorsicht Staatsstraße" von einer „verwahrlosten Straße". Hunderttausende von Passanten „laufen Gefahr, daß von dem aus den Schlaglöchern spritzenden Schlamm und Schmutz die Kleider verdorben werden." Diese Klagen hörte man schon 1928 und dann immer wieder. Das staatliche Straßenbauamt wollte von einer grundlegenden Sanierung nichts wissen, solange nicht der Umbau des Bahnhofs, von dem immer gesprochen wurde, erfolgt war. „Die finanzielle Not und die örtlichen Verhältnisse zwingen vorerst abzuwarten."

Um nun nicht unentwegt Ausbesserungsarbeiten vornehmen und Klagen anhören zu müssen, entschloß sich die Gemeinde, das ihr zugehörige Straßenstück vom Hotel Bavaria bis zum Langwieder-Eck teeren zu lassen. Das waren zum Teil recht aufwändige Arbeiten und kosteten insgesamt laut Schlußabrechnung 14.550 M. Der größte Posten dabei war der sog. „Profilausgleich". Es ist ganz interessant zu lesen, was da alles gearbeitet und verrechnet wurde:

Pos.	1 Auffüllmaterial	481 M
	2 Grundbausteine 18 cm hoch setzen	296
	3 Aufwalzen einer Schotterdecke	1073
	4 Herstellung einer Planie	232
	5 Aufbringen eines 3 cm Teerasphaltteppichs	1535
	6 Aufbringen einer 5,5 cm Teerasphaltdecke	3004
	7 Erstellen eines Böschungspflasters	777

2 Monate nach diesen Arbeiten wurde noch Heißteer aufgetragen und mit Basaltsplitt eingewalzt. Das war die zweite sog. „Oberflächenbehandlungen".

Nach zahlreichen Bemühungen und nicht unerheblichen finanziellen Anstrengungen von seiten der Gemeinde war also die Bahnhofstraße in einem guten, verkehrstechnisch ordentlichen Zustand. Doch halt! Das ist immer noch erst zu einem Teil richtig.

Das Wernert-Eck

Noch sind wir nicht am Ende mit unserer Beschreibung der Bahnhofstraße. Noch bleibt das Nadelöhr Wernert-Lidauer mit einer Fahrbahnbreite von 3 m. Diese schmale Stelle, durch die kaum ein Lastwagen durchkam, war natürlich für die Zufahrt in den Markt eine Katastrophe. Trotzdem faßte der Gemeinderat 1930 den folgenden Beschluß: „Der Gemeinderat ist zur Zeit nicht in der Lage, Mittel für eine detaillierte Planung sei es durch Unterführung oder Beseitigung des Wernert'schen Anwesens, bereitzustellen."

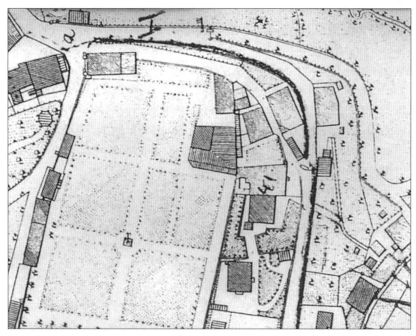

Plan der Bahnhofstraße 1896, Einzeichnung des geplanten Bürgersteigs, Straßenenge am Wernert-Eck und scharfe Kurve um das Langwieder Haus

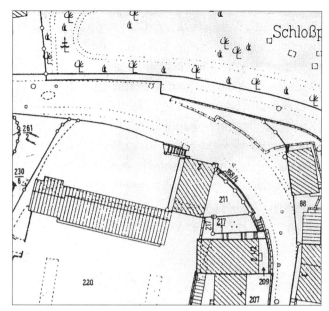

Die „neue" Bahnhofstraße, Wernert-Eck und Langwieder-Eck sind entschärft

Diesem Beschluß war eine ausführliche und sachliche Diskussion vorausgegangen, in der die verschiedenen Lösungsmöglichkeiten erörtert und gegeneinander abgewogen wurden. Da wurde als „erstrebenswert" gefunden die „Beseitigung des in die Straße hineinragenden Vorbaus" des Wernert'schen Hauses. Als eine andere, kühne Lösung wurde eine Unterführung vorgeschlagen, wobei hervorgehoben wurde, daß das im Wege stehende Haus unter Umständen erhalten werden könnte. Das alles aber konnte „wegen unerschwinglicher Kosten" nicht in Frage kommen. Aber auch die Anregung einer „Abtragung des vorderen Teils des Lidauer'schen Anwesens auf der anderen Seite der Straße" wurde verworfen.

Schließlich, 1937, war es vorbei mit diesen Überlegungen: Das Wernert Haus wurde abgerissen. Es war die Zeit, in der befohlen und gehandelt wurde (nur zu oft auch ohne Rücksichtnahme). In dem „Überlassungsvertrag" vom 2. April 1937 heißt es: „Herr Franz Wernert überläßt hiemit das vorbezeichnete Anwesen Hs. Nr. 2 (Wohnhaus mit Laden, Holzhütte und Hofraum, Autogarage mit Werkstatt und Hofraum) an der Bahnhofstraße in Berchtesgaden ... mit allen Rechten jedoch ohne Inventar, dem Deutschen Reich - Verwaltung der Reichsstraßen - zum vollen unbeschränkten Eigentum. Wert 60.000 Reichsmark."

Das Deutsche Reich verpflichtete sich dafür zu der folgenden Gegenleistung: „Anstelle der überlassenen Gebäude, die abgebrochen sind, und der dazugehörenden Grundstücksflächen verpflichtet sich der Erwerber dem Herrn Franz Wernert im Rahmen des Unternehmens „Verbesserung der Verkehrsverhältnisse in Berchtesgaden" einen Ersatzneubau ... zu errichten und ihn mit einem Umgriff zu versehen."

Schon am 22. April 1937 konnten „Rasche Baufortschritte" an der oberen Bahnhofstraße gemeldet werden. Die starke Steigung des letzten Stücks der Bahnhofstraße zwischen Schröer und Lidauer Haus wurde verflacht, die Straße hier auf 10 m verbreitert. Man sprach stolz davon, daß durch die Umbauarbeiten „eigentlich" alle umliegenden Häuser gewonnen hätten. Der Blick auf das Schloß und die Marktplatzseite sei frei geworden, die Beseitigung der Hofgartenmauer öffnete die Aussicht auf den Watzmann und den Hochkalter.

Gelegentlich dieser Straßenverbreiterung mußte nicht nur die Bahnhofstraße stellenweise in ihrem Niveau verändert werden, sondern auch die einmündende Bräuhausstraße, die gleichzeitig auch verbreitert wurde und eine etwa gleichmäßige Steigung erhielt. Bei diesen Arbeiten mußten einige alte Bäume des Schloßparks gefällt wer-

Baustelle Haus Wernert: Das Haus ist bereits verschwunden, die Straße verbreitert,
auch das Langwieder Haus steht nicht mehr. Im Hintergrund Haus Lidauer

den. Aber auch hier wurde - trotz allgemeinen Bedauerns - hervorgehoben, daß gewissermaßen als Ausgleich für diesen Verlust der Blick in den Schloßgraben, auf die übrigen Bäume und auf das Schloß nun umso schöner sei. Zur Absicherung gegen den Schloßgraben war es nötig, eine 1,5 bis 3 m hohe Stützmauer an der Grenze des Schloßgrabens zu errichten.

Während diese Arbeiten und der Wernert-Neubau längst abgeschlossen waren, und dieser Neubau schon bezogen war, zogen sich die An- und Abschlußtätigkeiten wie Vermessung, Eintragung von Franz Wernert als Eigentümer in die Länge. 1939 war dies noch nicht geschehen. Woran lag dies? Was war schuld daran? Ein Brief des Straßenbauamtes Traunstein gibt Auskunft darüber: „Der wünschenswerte Vollzug ist dadurch gehemmt, daß das Bauamt dahin unterrichtet ist, der Führer selbst habe sich die Entscheidung über die fernere Gestaltung der dortigen Gegend im Zusammenhang mit den künftigen Kuranlagen vorbehalten, es solle womöglich nichts unternommen werden, bevor der Führer sich näher geäußert habe."

Arbeiten am „Langwieder Eck"

Nachdem nun wieder ein Jahr vergangen war, Deutschland bereits mitten im zweiten Weltkrieg steckte und Hitler wohl sein Interesse an Berchtesgadens Gestaltung verloren hatte, ließ sich (am 19. April 1940) das Straßenbauamt wieder vernehmen: „Bis auf weiteres dürfte wohl nicht mehr damit gerechnet werden können, daß der Führer seine Entscheidung wegen der künftigen Gestaltung des Hofgartengeländes trifft." Die Vermessung sollte also durchgeführt werden.

Bürgersteig Luitpoldhain - Schachernkreuz

Aus den Ausführungen über die Bahnhofstraße konnte man ersehen, daß die Sorge des Magistrats von Berchtesgaden nicht nur den Fahrstraßen galt, sondern in demselben Maße auch den Wegen für die Fußgänger. Man kann überhaupt sagen, daß um das Jahr 1900, einige Jahre davor und danach, Berchtesgaden an seinen Bürgersteigen plante und arbeitete. Im schönsten Amtsdeutsch sprach man damals von der „Trottoirisierung". Da bis zu diesem Zeitpunkt die Fußgänger auf schlechte und enge Fahrstraßen bzw. schlammige, schmutzige und oft genug fast unpassierbare Gehstreifen angewiesen waren - so wie seit dem Mittelalter - bedeutete der Bau von personengerechten Bürgersteigen gewissermaßen einen bedeutenden und wichtigen Schritt aus dem Mittelalter in die Neuzeit. Berchtesgaden, ein bekannter und schon vielbesuchter Kurort, wurde modern und behielt auch in dieser Beziehung Anschluß an andere Kurorte und Städte, die auf diesem Gebiet schon fortschrittlicher waren und Bürgersteige gebaut hatten.

Wie schon dargestellt, nahm der Fremdenverkehr seit der Eröffnung der Bahnlinie Reichenhall-Berchtesgaden einen besonderen Aufschwung. Man mußte also für die Gäste etwas tun und ging nun tatkräftig an die Anlage von Bürgersteigen. Da man aber auf diesem Gebiet noch keine Erfahrung besaß, erkundigte man sich bei den Verwaltungen anderer Städte. So schrieb der Magistrat Berchtesgaden folgende Städte und Märkte an und bat um deren Erfahrungen mit den Trottoirs, die auch bereitwillig und zum Teil sehr ausführlich übermittelt wurden: Aschaffenburg, Fürth, Bad Kissingen, Kufstein, Landshut, Laufen, Lindau, Nürnberg, Neumarkt/Rott, Bad Reichenhall, Sulzbach, Teisendorf. Die fleißige Gemeindeverwaltung in Berchtesgaden stellte in einer vielseitigen Übersicht die eingegangenen Antworten und Ergebnisse über Länge, Breite, Art der Teerdecke, Kosten usw. zusammen. Nun faßte am 1. Dezember 1892 der Marktmagistrat den Entschluß zum Bau eines Bürgersteiges entlang der Maximilianstraße bis zur Salzburgerstraße und beauftragte den Civil Ingenieur Lindner in München mit der Ausarbeitung dieses Projektes.

Da die Fahrstraße selbst relativ schmal war und nicht mehr eingeengt werden konnte und durfte - sie sollte nicht unter 4,5 m sein - kam nur die Anlage eines „einseitigen" Trottoirs mit ca. 1,70 m Breite in Betracht. Dieser Bürgersteig mußte im Wechsel bald links, bald rechts der Straße angelegt und dieser abgetrotzt werden. An diesen Wechselstellen sollten Traversen zur Verbindung der jeweiligen Bürgersteigstücke dienen. Als staubfreie und haltbare Gehwegdecke schlug Lindner Asphalt vor, der sich in den Nachbarstädten Reichenhall und Salzburg „als äußerst reinliche angenehm zu begehende und dauerhafte Pflasterart" bewährt hatte.

Maximilianstraße: rechte Straßenseite noch ohne Bürgersteig, Fußgänger auf der Straße

1892 wurde dann also der Bürgersteig nach diesen Plänen gebaut: er setzte beim Stallgebäude der Kgl. Villa auf der linken Seite ein, führte dann am Hotel Vier Jahreszeiten vorbei, wo eine Traverse zum Anschlußweg Richtung Bahnhof eingebaut wurde. Der Gehsteig führte dann linksseitig an einer Stützmauer entlang zum Franziskanerplatz, überquerte die Straße zum Amtsgericht hin, lief nun rechtsseitig am „Kirchplatz" entlang, querte dann wieder die Maximilianstraße, wo er dann auf der linken Seite bis zur Poststraße ging und beim Postmeisterhaus endete. Dort fand er Anschluß an einen bereits bestehenden Bürgersteig im „inneren" (oder auch „oberen") Markt. Nach dem Schloßplatz setzte sich der Gehsteig auf der rechten Seite fort, wechselte dann wieder bis zum Salzburger Hof auf die linke Seite. Für Ein- und Ausfahrten wie auch zur Wasserableitung wurden besondere Vorkehrungen getroffen. An Arbeiten fielen an: Abgrabungen und Auffüllungen für eine durchgehende Planie, Stampfen, 10 cm starke Betonunterlage und 2 cm dicke Asphaltierung schaffen, Granitrandsteine setzen, Granitsteinpflaster für Traversen und Pflastermulden für Wasserableitungen anlegen. Die Gesamtkosten beliefen sich auf 27.000 RM. Sie setzten sich wie folgt zusammen:

Asphaltarbeiten	11882 RM
Granitrandsteine	7176
Cementrandsteine	738
Granitpflasterungen	4095
Nebenarbeiten	1500
Reserve und Abrundung	1600

Wer sollte nun diese Kosten tragen? Berchtesgaden, d.h. die Gemeinde, hatte natürlich kein Geld dafür. Sie mußte 20.000 M bei der Bayerischen Hypothek- und Wechselbank aufnehmen, die - bei 4 % Zins - in 28 Jahren zurückgezahlt werden sollten. Ein besonderer „Pflasterzoll" (eine elegante Formulierung für eine Art Steuer) mußte Geld in die Kasse bringen. Mit Ministerialentschließung vom 14. Juli 1892 wurde der Marktgemeinde Berchtesgaden die Erhebung eines Pflasterzolls genehmigt, und zwar sachbezogen für die Herstellung und Unterhaltung gepflasterter Straßenübergänge und Straßenrinnen und von Trottoirrandsteinen oder für die Tilgung der Gemeindeschulden, die etwa dafür aufgenommen wurden. Am 1. August 1892 wurde zum erstenmal dieser Zoll eingehoben, bis zum 1. Januar 1893 erbrachte er einen Betrag von 1.201 M. Diese Sondersteuer war übrigens vom Ministerium bis 1906 begrenzt. Natürlich wurden auch die Straßenanlieger anteilmäßig zu den Kosten herangezogen. Sie hatten vor allem für die Asphaltierung aufzukommen.

Man war sich einig, daß die Herstellung von Bürgersteigen zum dauernden Vorteil der Gemeinde gereichen würde. Das war nicht nur die Auffassung des Magistrats, sondern auch der Bürger und selbst der Anlieger, die doch zum Teil ganz erheblich dafür zahlen mußten. Das ging sogar soweit, daß Hausbesitzer, die nicht in den Genuß eines Bürgersteiges gekommen waren, um die Anlage eines solchen baten. Im „inneren" Markt war zwar anscheinend schon ein Bürgersteig vorhanden, aber dieser war offenbar in einem desolaten Zustand. So richteten die Angrenzer 1899 ein Gesuch an die Gemeinde mit der Bitte um Asphaltierung. „Der jetzige Zustand (des Gehwegs) zählt nicht zu den besten Bequemlichkeiten und wäre eine Planierung und Asphaltierung gewiß kein Luxus ... Nur der innere Markt entbehrt ein richtiges Trottoir ... Tatsächlich ist diese unregulierte Teilstrecke der einzige unvollendete Punkt unserer Haupttrottoirisierung von Hotel Vier Jahreszeiten bis zum Schachernkreuz. Dann könnten die Einheimischen sowie Fremden trockenen Fußes durch den ganzen Markt Berchtesgaden gelangen." Unterschrieben wurde dieses Bittgesuch von Pfab, Guttmann, Braun, Papst, Schellmoscr, Schweer.

Die Kaffeebesitzer Graßl und Rottenhöfer waren gar nicht damit einverstanden und zufrieden, daß der Bürgersteig auf der anderen Straßenseite verlief und gerade ihre Lokalitäten aussparte. Das Fremdenpublikum flanierte auf der anderen Seite und wurde so an ihren Kaffees vorbeigelenkt - eine auf Dauer unbefriedigende Situation. Daher richteten Graßl und Rottenhöfer die Bitte an die Gemeinde (am 20. Februar 1900), auch zwischen ihren Kaffees einen 1,80 m breiten Bürgersteig anzulegen.

1899 lesen wir von Plänen für ein Trottoir an der Schnitzschule und für die Griesstätterstraße, wo man allerdings den Bürgersteig auf der rechten Straßenseite vorsah. 1899 erfolgte ein Gesuch auch von den Anliegern der Berghofstraße (der jetzigen Ganghoferstraße), das 1901 wiederholt wurde, mit der dringenden Forderung nach einem Bürgersteig. Nicht nur die Fremden, sondern vor allem auch die Einheimischen, legten größten Wert auf ein gut gepflegtes Trottoir. So baten 1909 zahlreiche Berchtesgadener um Ausbesserung der Bürgersteige, auch auf ihre eigenen Kosten.

Wo es möglich war, erhielt Berchtesgaden in den folgenden Jahren doppelseitige Bürgersteige, wo es örtliche und räumliche Verhältnisse nicht erlaubten (wie z.B. Locksteinstraße), blieb es bei einseitigen Gehwegen. Gepflastert oder asphaltiert erfüllen sie das Bedürfnis nach Bequemlichkeit, Sauberkeit und Sicherheit.

Der Lesesaal
Die Planung

Der Lesesaal im Postpark in der Mitte Berchtesgadens war Jahrzehnte lang nicht nur ein sehr hübsches Gebäude, sondern auch ein sehr wichtiges, vor allem von den Kurgästen viel und gern benutztes Haus. Bis es allerdings zum Bau dieser Lesehalle kam, verging viel Zeit und kam es darüber hinaus zu manchem Streit und zu Auseinandersetzungen.

Entwurf für ein „Konversationshaus" in Berchtesgaden 1905. Schon lange vor dem Bau des Lesesaales gab es eine Diskussion um ein Konversationshaus (Unterhaltungshaus). (Aus: Die Conversationshaus Frage in Berchtesgaden, von E. Groll)

Besonders vom Ende des 19. Jahrhunderts an nahm die Zahl der Kurgäste und Passanten ständig zu. Man nannte sie damals (wie auch oftmals heute) kurzerhand „Fremde". Im Jahre 1885 zählte man bereits über 4.000 Kurgäste und mehr als 6.000 Passanten, d.h. Fremde mit kürzerem Aufenthalt in Berchtesgaden. 20 Jahre später waren es schon mehr als doppelt so viele. Natürlich mußte man für sie etwas tun, damit sie sich in Berchtesgaden wohl fühlen konnten. Am nötigsten war ein Plätzchen als Treffpunkt und auch Aufenthaltsort, vor allem bei schlechtem Wetter, ein so genannter „Lesesaal", wie ihn andere Kurorte auch eingerichtet hatten. Da sah es zunächst in Berchtesgaden schlecht damit aus. Man hatte zwar einen provisorischen Lesesaal im alten

Rentamt (heute Schreibgeschäft und Druckerei Fuchs am Schloßplatz) geöffnet, in einem Haus, das allerdings 1882 wegen Feuchtigkeit geräumt worden war. Das konnte weiß Gott kein passender, geeigneter Lesesaal sein. Der Verschönerungsverein stellte daher das Ersuchen (1901), „entsprechende Schullokalitäten" zur Verfügung zu stellen. Aber natürlich war das auch keine Lösung für dieses anstehende, doch recht brennende Problem, das nach wie vor höchst aktuell blieb. Der Verschönerungsverein entschloß sich daher, einen Lesesaal in eigener Regie zu bauen und das Ganze durch die eingenommene Kurtaxe zu bezahlen.

Postkarte mit Hotel Post, Postpark und alter Maximilianstraße

Nun aber schaltete sich die Marktgemeinde ein, sie meinte, dies sei Aufgabe der Gemeinde. Im Januar 1905 fand die gemeinsame und entscheidende Sitzung des Magistrats und des Collegiums der Gemeindebevollmächtigten statt. Mit großer Mehrheit faßte man den Beschluß, die Lesehalle selbst zu bauen, auch bestimmte man den Postpark als Bauplatz. So erhielt der Verschönerungsverein das folgende Schreiben: „Ich beehre mich die ergebenste Mitteilung zu machen, daß gestern die zu einer gemeinsamen Sitzung vereinigten Gemeindecollegien einstimmig beschlossen haben, die Er-

bauung eines Lesesaals selbst in die Hand zu nehmen, auf die Kurtaxe ein Kapital aufzunehmen und mit dem sehr verehrlichen Verschönerungsverein bezüglich dieser Sache ins Benehmen zu treten." Die Gemeinde beschloß weiter, eine Kommission aus den
beiden Gremien „zur Ausarbeitung von Vorschlägen" zu bilden. 1905 gelang es auch
der Gemeinde, die Postwiese, die dem damaligen Posthalter Hans Beck gehörte, zu
erwerben und so von dieser Seite her die Grundlage zum Bau der Lesehalle zu schaffen.

Allerdings wollte sich der Verschönerungsverein nicht so ohne weiteres ausbooten
lassen, besonders auch, da ein nur ein Jahr alter Vertrag mit der Gemeinde bestand, in
dem festgehalten worden war, daß die Kurtaxe dem Verein zur Verfügung stehe. Das
Königliche Bezirksamt, an den sich der Verein gewandt hatte, lehnte denn auch den
Antrag der Gemeinde auf Aufhebung dieses Vertrages ab mit der Begründung, daß das
Ansinnen der Gemeinde dem Grundsatz von Treu und Glauben widerspreche. Und
auch das Staatsministerium des Inneren folgte dieser Argumentation des Bezirksamtes.

Es waren inzwischen auch untragbare Zustände bei der Erhebung der Kurtaxe ein-
gerissen. Der Verschönerungsverein hatte sich geteilt in einen Markt- und Landverein.
Im Markt wurde eine obligatorische Kurtaxe erhoben, die Landgemeinden begnügten
sich mit einer freiwilligen Abgabe. Das führte dazu, daß manche Kurgäste zweimal zur
Zahlung aufgefordert, bzw. sogar gezwungen wurden, andere sich wiederum um die
Zahlung drücken konnten. Das Bezirksamt forderte daher „wieder zu einträchtigem
Zusammenwirken" auf.

Der Bau

Offenbar glätteten sich die Wogen im Laufe der Zeit wieder und im Oktober 1906 erfolgte von Seiten der Gemeinde der erste Schritt zum Bau der Lesehalle: „Es ergeht die
Einladung zur Beteiligung an der Submission über die Erbauung eines Lesesaales im
Postpark." Es war also wieder ein Jahr vergangen, und so warf der Gastwirteverein, der
besonders auf die Schaffung eines Lesesaales drängte, der Gemeinde Verzögerungs-
taktik vor. Nun aber pressierte es wirklich, sollte im Jahre 1906 noch mit dem Bau begonnen werden. Am 18. Oktober erging die Ausschreibung für die Erd-, Maurer- und

Lesesaal, erbaut 1907

Lesesaal Rückseite

Verputzarbeiten, schon am 22. Oktober war Abgabetermin für die Angebote der vier angeschriebenen Baufirmen. Bei Überschreitung des vorgegebenen Endtermins der Arbeiten war eine Konventionalstrafe von 20 M pro Tag fällig.

Angemerkt muß noch werden, daß der Verschönerungsverein bei seiner eigenen Planung eines Lesesaales als Bauplatz das dem Verein gehörende Frauenfeld nebst dem anschließenden Sodenfeld-Grundstück im Auge hatte. Das Frauenfeld war eine parkähnliche Anlage zwischen dem Friedhof und der Bahnhofstraße. Es hatte einem Baron von Frauenhof gehört, nach dem die Villa und das Grundstück benannt ist. Von dort hätte man - wie der Verein schrieb - „einen großartigen, umfassenden Rundblick auf Berg und Tal und den besten Platz für einen geräumigen Lesesaal mit gedeckter Wandelhalle und den dazu gehörenden Lokalitäten." Der Verein plante zusätzlich zum Lesesaal ein Damen- und Conversationszimmer, ein Rauch- und ein Musikzimmer, Bureau und Sitzungsraum für den Verein. In späterer Zeit bestünde die Möglichkeit eines Kursaalanbaus. - Der von der Marktgemeinde gewählte Bauplatz lag für damalige Verhältnisse vielleicht etwas zentraler und hatte den Postpark als Spazier- und Wandelgelände vor sich. Ein Abwägen der beiden konkurrierenden Standorte ist heute müßig und erübrigt sich. Der in den Jahren 1906/07 unter Leitung des Münchner Architekten Prof. Zell errichtete Bau bot seinem Äußeren nach einen sehr gefälligen, ja hübschen Anblick.

Es gelang tatsächlich noch, das Mauerwerk 1906 hochzuziehen, aber dann verhinderte ein sehr schneereicher Winter alle weiteren Arbeiten. Es waren noch keine Fenster geliefert und auch das Dach war noch nicht eingedeckt. So lag also der ganze Schnee in den offenen Räumen, so daß Dachstuhl und Mauerwerk Schaden litten. Den ganzen Februar über bemühten sich Gemeinde und Architekt um das Entfernen der Schneemassen, aber wochenlang geschah nichts. Ende Februar wurden endlich die Fenster geliefert, und die Dacheindeckung wurde in Angriff genommen. Nach den Rohbauarbeiten erfolgte im Jahr 1907 die Inneneinrichtung. Für das Rauch (Herren)- und ein Damenzimmer, die sich rechts und links an den großen Mittelsaal, den wirklichen Lesesaal, anschlossen, waren dichte cremefarbene Damastgardinen vorgesehen. Der Architekt schrieb bis ins einzelne Gegenstände und Maße der Einrichtung vor. So mußten die Vorhänge zwei Meter lang, 1,30 m bereit sein, oben mit Ringen auf Messingstangen laufen, unten in Fransen auslaufen. Auch für Tischler und Tapezierer galten genaue Vorgaben.

Der Architekt legte auch großen Wert darauf, daß der Garten vor dem Lesesaal so angelegt wurde, daß er mit dem Neubau gut harmonierte. So mußten passende Sträucher und niedere Hecken gepflanzt werden wie auch ortsübliche Bäume („um Gottes Willen keine Palmen"). Die Bauleitung achtete auch peinlich darauf, daß die Brunnen genau nach den Entwürfen des Architekten errichtet wurden. So durfte vor dem Lesesaal kein Springbrunnen der gewöhnlichen und so beliebten Art stehen, er wäre zu laut und würde die Leser stören. Ein Brunnen hingegen „mit Blumen und Früchtekorb" paßte sicher zu dem liebenswürdigen Stil des Ganzen viel besser. Für die Wandelhalle waren Brunnen aus kleinen Kieselsteinen und Muscheln vorgesehen, weil sie eine „vornehme Wirkung" ergeben.

Im Frühjahr drängte die Arbeit, wollte man bis zum Frühsommer mit der Lesehalle fertig werden. So blieb nichts anderes übrig, als selbst am Sonntag zu arbeiten, wozu allerdings vom Bezirksamt die Genehmigung erwirkt werden mußte. So konnte im Sommer 1907 das Haus von den Kurgästen bezogen werden. Es stellten sich aber nur zu bald manche Unzulänglichkeiten und gewisse Mißstände heraus: zum einen war die installierte Beleuchtung völlig unzureichend. „Die nur für das Äußere geschaffenen Beleuchtungskörper dienen wohl zur Beleuchtung des Plafonds, nicht aber für die Leser." So lautete eine Beschwerde. Von der geringen Leuchtkraft abgesehen, verbrauchten sie auch ungewöhnlich und unnötig viel Strom. So wurden die 20 Lampen im großen Saal umgewechselt in Tantallampen und mit Opalschirmen versehen, und die Lampen im Rauch- und Damenzimmer erhielten Zuglampen mit stärkeren 100 kerzigen Birnen. Als weiterer Mißstand stellte sich heraus, daß die Räume im Winter nur völlig unzureichend beheizt werden konnten. Die Fremden, die sich darein verirrten, mußten jämmerlich frieren. Als dritter Übelstand hatte sich herausgestellt, daß die Ventilation in den Räumen unzureichend war. Die Marktgemeinde übernahm bei all diesen Mängeln die Abhilfe und die Verbesserungen.

Gemeinde und Architekt hatten offenbar, um mit möglichst geringen Kosten auszukommen, an allen Ecken und Enden gespart. Der Architekt wurde zu sparsamstem Bauen angehalten, und er stellte in diesem Sinne einmal fest: „Es ist ein großes Kunststück, diesen großen Bau um diese außerordentlich bescheidene Summe herzustellen." Eine Abgleichung vom Mai 1908 sah folgendermaßen aus:

Einnahmen: 134.209 M. Diese setzten sich zusammen aus: 1. Darlehen 100.000 M, 2. Darlehen 28.000 M, Zuschuß vom Verschönerungsverein 5.000 M, Depotzinsen

757 M, Verschiedenes ca. 230 M. An Ausgaben waren insgesamt 132.244 M verzeichnet worden. Stolz stellte man fest, daß ein Plus von 1.964 M vorhanden war. Dieser „Überschuß" wurde sofort ausgegeben für gepolsterte Bänke, Vertäfelung, Spiegel, Bilder, Rahmen, Schreibtische usw.

Das Vergnügungslokal

Wie gestaltete sich nun das Leben in der Lesehalle, die am 18. Juli 1907 eröffnet und ihrem Zweck übergeben worden war? Wer war verantwortlich für sie, wer sollte den Betrieb leiten, wer war zuständig für Sauberkeit, Pflege, reibungslosen Tagesablauf? Die Marktgemeinde hatte zwar - in Konkurrenz mit dem Verschönerungsverein - den Neubau durchgeführt und finanziell erstellt, nun aber mußte sie den Lesesaal verpachten - ausgerechnet an den Verschönerungsverein. Dieser stellte sich ganz in den Dienst des Kurgast-Publikums und war nun verantwortlich dafür, daß die „Fremden" sich im Lesesaal wohl fühlen konnten. Die Pachtsumme betrug 5.000 M jährlich. Der Verein übernahm die Verpflichtung, die jährlichen Reparaturen bis zu einem Gesamtbetrag von 500 M zu tragen bzw. kleinere Reparaturen bis zu 50 M zu zahlen, solange der Betrag von 500 M nicht überschritten wurde. 1920 ermäßigte die Gemeinde wegen der schlechten Wirtschaftslage die Pacht auf 3.000 M. 1922 allerdings, nachdem sich die Gesamtlage gebessert hatte infolge Zunahme der Kurgäste und Erhöhung der Kurtaxe, beschloß die Gemeinde die Erhöhung „der an die Gemeinde für die Überlassung der Lesehalle zu entrichtenden Pachtgebühr" auf satte 7.500 M. Aber die Gemeinde begnügte sich nicht mit dieser Gebührensteigerung, sie fand noch eine weitere Möglichkeit, dem Fremdenverkehrsverein (so hieß nun der Verschönerungsverein) eins aufzubrummen: „Die Unterhaltung der Gebäulichkeiten obliegt dem Fremdenverkehrsverein und ist dieser verpflichtet, die jährlichen Ausgaben für Reparaturen bis zu einem Gesamtbetrag von 5.000 M zu übernehmen."

Die Frage des Pachtverhältnisses, der Höhe der Miete, der Übernahme der Reparaturen, diese ganze Problematik, blieb weiterhin auf dem Verhandlungstisch von Gemeinde und Verein. So beschloß die Gemeinde das Mietverhältnis bezüglich der Lesehalle grundsätzlich neu zu ordnen. Man war willens, die Miete spürbar zu verringern, dafür sollte der Fremdenverkehrsverein die gesamten Instandhaltungsarbeiten und -kosten übernehmen. Man einigte sich auf dieser Basis, und die Miete wurde auf 1.000 M festgesetzt.

Inzwischen hatte sich aber auch der Zweck, besser gesagt die Art der Nutzung des Lesesaales, vollkommen gewandelt. Der Lesesaal war nun nicht mehr in erster Linie der Platz für die Lesefreunde oder Unterschlupf bei schlechtem Wetter, sondern er wurde nun Schauplatz für künstlerische und gesellschaftliche Veranstaltungen, sog. „Reunionen". Das Publikum, das diese Unterhaltungen gewünscht hatte und nun gerne annahm, verlangte aber nun auch - wie in Theatern und Kinos üblich - Erfrischungen wie Eis, Limonade, Mineralwasser, aber auch Bowle, Wein und Bier, dazu u.U. Torten oder Brötchen. Das setzte aber eine richtiggehende Schankkonzession und fast einen Wirtschaftsbetrieb voraus. Der Gemeinderat prüfte ein entsprechendes Gesuch des Fremdenverkehrsvereins mit großer Ernsthaftigkeit, man möchte fast sagen mit übertriebener Gründlichkeit. Er kam zu dem Ergebnis, daß die Annahme berechtigt sei, daß der Verein die angestrebte Konzession „nicht zur Förderung der Völlerei, des verbotenen Spiels, der Hehlerei und der Unsittlichkeit mißbrauchen werde." Darüber hinaus stellte der Gemeinderat fest, „daß die zum Betrieb des Gewerbes bestimmten Lokale in ihrer Beschaffenheit und Lage den polizeilichen Anforderungen genügen und überdies ein ausgesprochenes Bedürfnis vorliege." Die Konzession wurde also erteilt - der Lesesaal wurde also umfunktioniert zu einem Unterhaltungslokal, zu einer Art kleinem Kursaal.

Es fanden besonders gerne ausgesprochene Tanzabende statt. Nicht immer aber verlief dies völlig reibungslos ab. Am 17.7.1925 zum Beispiel war die Musik nach dem Ende des offiziellen Teils bereits abgetreten, als ein unbekannter Fremder sich ans Klavier setzte und weiter bis weit über Mitternacht spielte, begleitet von einem Klarinettisten. Das ging unter dem Beifall der begeisterten Kurgäste nicht nur weit über die Polizeistunde, sondern auch bei offenen Fenstern. Der anwesende Kurdirektor Dr. Schwink war machtlos und griff nicht ein und handelte sich so eine Anklage wegen Überschreitung der Polizeistunde und nächtlicher Ruhestörung ein. Nicht lange danach fand eine Tanzgeschicklichkeitsprüfung statt, bei der sich 30 Paare beteiligten. Auch dieser Abend dauerte bis über die Polizeistunde hinaus, weil das Publikum allgemeinen Tanz noch bis 1 Uhr forderte. Auch hier waren die Veranstalter hin- und hergerissen zwischen Publikumswunsch und peinlicher Einhaltung der Polizeistunde. Fremdenverkehrsvereins-Vorstand Dr. Beck entschuldigte sich bei der Gemeinde, er wolle keineswegs den Gemeinderatsbeschluß „sabotieren".

1930 wurde versuchsweise ein Spielbetrieb eröffnet, und zwar ein „Pferde-Renn-spiel" - ein Spiel, das halb Geschwindigkeitsspiel, halb Glückspiel war. Jeder Spieler konnte auf ein Pferd setzen mit relativ geringem Einsatz von 1 M. Man wollte aller-dings erst eine gewisse Erprobungszeit abwarten, bevor diese „Spielhölle", wie Kriti-ker die Einrichtung nannten, zu einer Dauereinrichtung werden sollte.

Schlittschuhlaufen im Kurpark 1926

Eisstockschießen im Kurpark

Das Kurhaus
Königliche Villa als Kurhaus

So glücklich man zunächst über die neue Lesehalle war und so gerne sie von den Kurgästen angenommen und besucht wurde, so stellte sich doch - vor allem angesichts der vielseitigen Nutzung als Gesellschafts- und Vergnügungssaal - heraus, daß sie viel zu klein war und den gestellten Anforderungen in gar keiner Weise genügen und entsprechen konnte. Besonders bei schlechtem Wetter während der Hauptsaison ergab sich die völlige Unzulänglichkeit dieses Lesesaales. Es war dies auch eine Folge der - an sich erfreulichen - Zunahme der Kurgastzahlen: waren es 1905 über 8.000 Gäste, so stieg die Zahl bis 1927 auf über 30.000. So ist es nicht verwunderlich, daß schon verhältnismäßig früh der Wunsch nach einem größeren Saalbau, einem richtigen Kurhaus, aufkam.

1920 bereits, 1 1/2 Jahre nach dem ersten Weltkrieg, tauchte der Plan auf, die Kgl. Villa als Kurhaus für die Marktgemeinde Berchtesgaden zu verwenden. Ein Antrag richtete sich an das Finanzministerium, es möge bei den Verhandlungen über die Aufteilung der königlichen Güter darauf hinwirken, daß die Kgl. Villa für diesen Zweck zur Verfügung gestellt werde. Obwohl dies auch der Wunsch weiter Kreise der Bevölkerung war, gab es hier schon kritische Einwendungen: Die Bezirksbauernkammer war gegen die Verwendung als Kurhaus, sie plädierte für eine Nutzung dieses Schlosses als Museum und Sammlungsraum heimischer Arbeiten und Produkte oder als Bibliothek oder Schule. Die Kritiker argumentierten, daß zur Zeit kein dringendes Bedürfnis für ein Kurhaus bestehe, und daß Kurhäuser in der Hauptsache doch nur dem Luxus dienten.

Der Marktgemeinderat allerdings war da anderer Ansicht und wandte sich an die Verwaltung des Krongutes in München, weil die Errichtung eines Kurhauses für das zukünftige Berchtesgaden geradezu als eine Lebensfrage angesehen wurde: „Die Zukunftsentwicklung Berchtesgadens hängt davon ab, ob es gelingt, ein Kurhaus vornehmen Stils mit entsprechenden Sälen, Räumen und Kurmitteln zu errichten." Als glücklichste Lösung erschien der Erwerb der Kgl. Villa infolge ihrer schönen erhöhten Lage und ihres eigenartigen Baustiles. Auch die hohen großen Räume ließen sie besonders geeignet erscheinen. - Über viele Jahre spielte nun das Projekt „Kgl. Villa als Kurhaus" eine große Rolle.

Inzwischen war der „Wittelsbacher Ausgleichsfond" gebildet worden, der die Verwaltung der dem Hause Wittelsbach zugesprochenen Güter und Schlösser übernahm. Mit ihm trat nun die Gemeinde Berchtesgaden in Verhandlungen ein. Diese ließen sich zunächst ganz gut an, da der Ausgleichsfond und sein Präsident Baron von Rauscher durchaus willens waren, die Kgl. Villa zu verkaufen oder zu verpachten, da sie brach lag und große Unterhaltskosten verschlang. Der Ausgleichsfond war auch bereit, die von Berchtesgaden gewünscht Zusage zu geben, den Luitpoldpark nie zu bebauen. Berchtesgaden trat nun mit Finanzleuten und mit Banken in Verbindung, um die Finanzierung zu ermöglichen. Aber auch jetzt gab es wieder Querschüsse in Berchtesgaden, so etwa von der Geschäftswelt, die Einbußen befürchtete, da die Kgl. Villa etwas außerhalb des Ortes liegt. Die Zeit verstrich, und 1925 fragte der Wittelsbacher Ausgleichsfond an, ob überhaupt noch Aussicht auf Verwirklichung des Planes bestehe.

Neue Pläne

Inzwischen hatte sich aus dem Verschönerungsverein der Fremdenverkehrsverein gebildet, der sich allerdings infolge Interessengegensätzen in den Fremdenverkehrsverein Berchtesgaden und Berchtesgaden Land aufgespalten hatte - sehr zum Nachteil natürlich der allgemeinen Fremdenverkehrsbelange. Und nun traten auch immer neue Vorschläge und Projekte auf, so daß nun jahrelang eine völlige Verwirrung und großes Durcheinander herrschte. Es ist eine ermüdende und unbefriedigende Aufgabe, diese Diskussionen, Streitereien von Interessenvertretungen und persönlichen Rechthabereien zu verfolgen. Es mag hier nur in groben Zügen geschehen. Die Unzahl von Skizzen, Plänen, Entwürfen, Kostenvoranschlägen, Kommissionssitzungen, Gemeinderatssitzungen, Fremdenverkehrs-Versammlungen, Resolutionen, Einwendungen ist kaum überschaubar, jedenfalls aber nicht darstellenswert.

Über die Situation des Fremdenverkehrs in Berchtesgaden gibt es aus jenen Tagen und Jahren nach dem ersten Weltkrieg eine ganze Reihe von Äußerungen, die alle in irgendeiner Form die Kurhausfrage zum Thema haben. Da ist von der dringend notwendigen Umgestaltung der Lesehalle die Rede und immer wird nachdrücklich gefordert: „Es muß etwas geschehen." Im Gemeinderat war man der einhelligen Meinung, daß die räumlichen Verhältnisse gebessert werden mußten: „Die jetzigen Zustände sind unwürdig." Es wurde eine Kommission gebildet, der 6 Gemeinderäte, 2 Mitglieder des Fremdenverkehrsvereins, 2 Mitglieder des Gastwirtevereins, 2 des Gewerbe- und Handelsvereins und 2 des Grund- und Hausbesitzervereins angehörten, aber auch diese Kommission kam nicht über die allgemeine Erkenntnis hinaus: „Dringendes Bedürfnis zur Schaffung eines großen Saales ... Unhaltbarkeit des gegenwärtigen Zustandes." Die Kurhausfrage war die „derzeit wichtigste Frage." Diese Äußerungen und Meinungen ließen sich auf Grund der Aktenlage beliebig vermehren, sie bringen überzeugend zum Ausdruck, daß und wie sehr in den zwanziger Jahren die Notwendigkeit zur Schaffung eines größeren Kursaales - wie er auch immer entstehen könnte - die Gemüter beherrschte.

Es wurden mehrere Projekt in die Debatte geworfen, jeder Plan fand seine entschiedenen Verfechter - und aber auch Widersacher. Da war immer noch die Kgl. Villa im Gespräch, und dieses Projekt wurde nun besonders von dem Fremdenverkehrsverein Berchtesgaden Land vertreten. Er wollte die Kgl. Villa pachten und einen großen Kursaal daraus machen. Der Marktgemeinderat rückte vollkommen von diesem Projekt ab und blieb beim Postpark als Bauplatz mit der Begründung, in der Kgl. Villa lasse sich kein Saal von der benötigten Größe (mindestens 400 Plätze) herstellen. 1927 spitzte sich das Problem auf die Alternative zu: Kgl. Villa oder Postpark.

Da tauchten zur völligen Verwirrung neue Ideen auf, so z.B. die Meinung, daß das Kurhaus gar nicht so wichtig sei, viel dringender sei die Schaffung eines Freibades. Auch darüber wurde nun in der Kommission 1928 gestritten und abgestimmt: für einen neuen Saal fanden sich 8 Stimmen, für das Freibad 3, für einen Umbau der Lesehalle 8, für einen Umbau der Kgl. Villa 2. Da man Schwierigkeiten hatte, die nötigen finanziellen Mittel für einen neuen großen Saal aufzubringen, war die Gemeinde für den Ausbau der Lesehalle, der Fremdenverkehrsverein Berchtesgaden Markt hingegen votierte mit großer Mehrheit für ein neues Kurhaus. Eine neue Situation trat 1929 insofern ein, als sich der Fremdenverkehrsverein Berchtesgaden Land einverstanden mit den Beschlüssen der Kommission erklärte und so offenbar von der Kgl. Villa abgerückt war. Aber weder der Berchtesgadener Gemeinderat, noch der Fremdenverkehrsverein Markt, noch die eingesetzte Kommission konnten sich zu einer Entscheidung und zu einem Beschluß durchringen. Vor allem stemmte sich der Gastwirteverein gegen den Postpark als Standort eines zukünftigen Kurhauses, er fürchtete die Konkurrenz, und der Besitzer des Hotels Deutsches Haus in der Maximilianstraße protestierte gegen die kommende Geschäftsschädigung. Wie sollte da ein Projekt zustande kommen, das, wie es hieß, lebensnotwendig für Berchtesgaden war?

Die größte Schwierigkeit bei allen Überlegungen bereitete die Aufbringung der nötigen Gelder. Man rechnete mit einer Gesamtsumme von 400.000 M und etwa 35.000 M jährlich für Verzinsung und Amortisation. Da dies alles nicht zu leisten war, liebäugelte man allmählich mit einer kleineren, billigeren Variante, wie Ausbau der Sitz- und Wandelhalle oder Anbau eines Saales an die Lesehalle. Jede Sitzung irgendeines Gremiums begann mit der einmütigen Feststellung der Notwendigkeit, die völlig untragbaren Zustände der Lesehalle zu verbessern, dann aber war es aus mit der Einigkeit und begann der heftige Widerstreit der Meinungen, was, wie und wo gemacht werden müßte: Umbau der Lesehalle, Ausbau der Kgl. Villa, Neubau im Hofgarten, großer Saalbau im Kur(Post)park, Ausbau des Hotels Watzmann. Jeder Vorschlag fand - auch in der Bevölkerung - begeisterte Vertreter und auch erbitterte Feinde.

Die Gemeinde machte sich die Beschlußfindung nicht leicht und war sich ihrer Verantwortung für die Zukunft Berchtesgadens voll bewußt. Sie schrieb 1926 einen Wettbewerb aus und lud dazu eine Reihe von Firmen und Architekten ein und setzte Preise von 600 bis 100 M aus. Aus Gründen des Wettbewerbsrechts mußte eine weitere, allgemeiner gehaltene Ausschreibung erfolgen, bei der ein hochkarätiges Preisgericht aus mehreren Münchner Professoren, dem Berchtesgadener 1. Bürgermeister Siegl und dem Bezirksbaumeister Wenig fungierte. Aber auch das brachte kein passables Ergebnis zutage. 1928 forderte die Gemeinde die vier Berchtesgadener Architekten Kellner, Kreiser, Schelle und Zimmermann auf, Ideenskizzen zu einem Umbau der Lesehalle einzureichen. Alle vier stellten fest, daß die gestellte Aufgabe unmöglich zu lösen sei. Man war nach Jahren der Mühen und des Streits keinen Schritt weiter gekommen.

Das neue Kurhaus

Wie durch ein Wunder kam im September 1929 nun doch eine Einigung zwischen Fremdenverkehrsverein und Marktgemeinde zustande. Man einigte sich auf einen Plan, der im März dieses Jahres aufgetaucht, wiederholt abgeändert worden war und nun dem Gemeinderat zur Genehmigung vorlag, der ihn auch einmütig beschloß. Es

2437. Berchtesgaden, Kursaal.
(erb. 1930 Arch. Kreiser, Lechner u. Norkauer)

Das Kurhaus, 1929/30 erbaut

handelte sich um einen langgestreckten Saalbau, der an der Stelle der jetzigen Wandelhalle im Kurpark an der Friedhofsseite erbaut werden sollte. Die Lesehalle konnte unverändert erhalten bleiben, zwischen Lesesaal und neuem Saalbau war ein Verbindungsbau vorgesehen.

So weit, so schön; aber man hatte die Rechnung ohne den Wirt gemacht. Baupläne und Bauvorhaben, mühsam genug zustande gekommen, fanden in München vor der obersten Baubehörde und dem Heimatschutz keine Gnade. Es waren nicht finanzielle Bedenken, sondern bautechnische und künstlerische Einwände. Der „Heimatschutz" war eine Vereinigung in München, der prominente Bau- und Kunstsachverständige angehörten. Diese hatten allerdings nur beratende Funktion, aber ihr Urteil hatte für die oberste Baubehörde große Bedeutung. Die Bedenken richteten sich vor allem gegen die Lage im Postpark und gegen die Außenarchitektur. Wenn später die „schlichten Linien" des neuen Kursaales mit leichtem kritischen Unterton hervorgehoben wurden, so waren sie nicht auf dem Entwurf des Berchtesgadener Architekten Eugen Kreiser zurückzuführen, sondern Ergebnis der Änderungswünsche des Heimatschutzes, der eine modern-einfache Form mit großen Fenstern und Türen bevorzugte, während Kreiser das neue Kurhaus stilistisch mehr der Lesehalle anpassen wollte. Der Münchner Architekt Norkauer wurde beauftragt, sich mit Eugen Kreiser zusammenzusetzen und diese Änderungwünsche einzuplanen. Der Neubau wurde etwa 20 m von der Lesehalle abgerückt und mit einem Wandelgang verbunden. Ende Oktober 1929 erfolgte die endgültige Genehmigung und der sofortige, so lange erwartete Baubeginn.

Wandelgang zwischen Lesesaal und Kurhaus (Aus: Jubiläums-Report, S. 7)

An Allerheiligen ging es an das Vermessen und Abstecken des Baugeländes. Als erstes wurden die Bäume gefällt. Mancher wird wohl mit Wehmut beobachtet haben, wie eine Anzahl schöner alter Bäume fallen mußte. Dieser Verlust und die Tatsache der Verkleinerung des Postparks waren bei diesem Projekt wiederholt heftig kritisiert worden. Wenige Wochen später war der Erdaushub vollendet und der Rohbau wurde mit Hochdruck hochgemauert. Kurz vor Weihnachten war schon der Dachstuhl aufgesetzt. Dabei kam es allerdings zu größeren Mißstimmungen: Der Dachstuhl wurde nicht von einer Berchtesgadener Firma, sondern von München angeliefert. Die Vergabe war von dem Münchner Architekten Norkauer vorgenommen worden. Der Berchtesgadener Handels- und Gewerbeverein hatte dagegen scharf protestiert. Während der Bauarbeiten stellte sich heraus, daß der angeforderte Kredit nicht ausreichte, da sich diese oder jene Verbesserung bzw. Änderung des ursprünglichen Entwurfs als empfehlenswert herausstellte. Ein Nachkredit in Höhe von 26.000 M war nötig, den auch die Bayer. Hypothek- und Wechselbank bereitstellte, wie auch den Hauptkredit von 164.000 M. Ein milder und schneearmer Winter begünstigte die Arbeiten, so daß kein längerer Baustopp nötig war und auch der Innenausbau zügig vorankam.

Die feierliche Einweihung fand am Samstag, 24. Mai 1930, statt. Der Festabend begann mit dem Konzert der Kurkapelle, welche die Freischütz-Ouvertüre und das G-dur Trio von Mozart auf dem Programm hatte. Der Berchtesgadener Anzeiger berichtete darüber in schwungvollen Worten: „Ein wunderbares Musizieren hebt an und in atemloser Stille lauschen die Gäste den festlichen Klängen. Schöner und besser denn je kommt das hohe Können der Kapelle zur Geltung, feierlicher und freier klingt es in dem weiten Raum, es ist der vollendete Zusammenklang von Inhalt und Form. Rauschender Beifall dankt den Künstlern für den hehren Genuß." Dann traten die Festredner ans Pult. Erster Bürgermeister Seiberl, der Vorsitzende des Fremdenverkehrsvereins Dr. Beck, Baron von Feilitsch, der Vorstand des Bezirksamtes und Dr. Schwink, der Kurdirektor, feierten diesen Augenblick mit ihren nicht weniger schönen Ansprachen. Die Kurkapelle beendete diesen ersten festlichen Teil mit einem neuen Konzertstück.

Dann wurde zur Einweihung der „Kurlichtspiele" der „Mönch von St. Bartholomä" vorgeführt. Den Schluß bildete ein Gastspiel der Bayerischen Landesbühne, die Sudermanns Einakter „Die ferne Prinzeß" zur Aufführung brachte. Hier konnte sich auch die hervorragende Bühneneinrichtung des neuen Kurhauses bewähren. Der Anzeiger schrieb weiter: „Die erste Probe für das neu Geschaffene wurde glänzend bestanden. Es war ein Tag der Ehre und des Ruhms für Berchtesgaden."

Dieser Abend legte auch Zeugnis ab für die vielseitigen Verwendungsmöglichkeiten des Neubaus. Eine Restaurationsmöglichkeit war aber nicht gelungen - so konnte er auch kein wirklicher gesellschaftlicher Sammelpunkt werden. Der Widerstand des Gastwirtevereins hatte dies aus Konkurrenzgründen verhindert. Man war auch noch stolz auf diesen mehr als zweifelhaften „Erfolg" und gab jubelnd bekannt: „Unseren Bemühungen ist es gelungen, die Durchführung des Kurhausprojekts zu Fall zu bringen." Schade! Es war halt damals so wie heute: Grüppchendenken und Eigennutz verhindern manchen Fortschritt bzw. erschweren ihn zumindest. Diese Einschränkung bei der Beurteilung des Erreichten soll aber die Leistung Berchtesgadens bei dem Bau des neuen und großen Kursaales, der allerdings in der Zukunft mehr als „Kurkino" genutzt wurde, nicht schmälern.

Das äußere Bild zeigt das neue Haus als einen modernen Zweckbau, dessen wesentliches Merkmal seine Funktionalität war. Allgemein wurde festgestellt, daß er sich in seiner Architektur gut in den Rahmen des Postparks einfügte und den Blick auf die Berge nicht verwehrte. Die Verbindung mit der alten Lesehalle stellte der Wandel-

Wandgemälde von Georg Waltenberger im Kursaal
(Berchtesgaden im Wandel der Zeit, Erg. Bd I, S. 166)

gang her, der unter teilweiser Verwendung des alten Wandelganges (Dach und Rückmauer) mit 25 m Länge und 3,5 m Breite erstellt wurde. Durch eine Vorhalle gelangte man in den Saal, dessen Haupteingang sich an der Hauptfront auftat. Der Saal hatte einen rechteckigen länglichen Grundriß von 28 x 10,5 m und war 5,6 m hoch und bot Platz für 450 Personen. An der Westseite, der Hauptfront, waren sieben große Fenster (5,2 x 1,9 m) mit Sprossenteilung eingebaut, die dem Saal helles Licht verliehen und die Verbindung zum Park herstellten. Durch eine Verdunkelungsvorrichtung konnte der Saal zum „Kurkino" umfunktioniert werden. Bei Überfüllung konnte das Fassungsvermögen durch 32 Plätze in der Vorhalle vermehrt werden. Auf der Südseite des Saales befand sich die Bühne mit Ausmaßen von 10,5 m Breite und 10 m Tiefe, so daß auch Aufführungen größeren Stils möglich waren. Besonderer Wert wurde auf eine raffinierte Bühnenbeleuchtung gelegt, die nicht nur verschiedenste Scheinwerfer, sondern auch zahlreiche Farbnuancen aufwies. Bei Kinovorführungen konnte eine Leinwand herabgelassen werden. Unterhalb der Bühne befand sich der Orchesterraum, der für 18 Musiker Platz bot. Im Untergeschoß - von der Vorhalle durch eine Treppe erreichbar, waren die Hauptgarderobe, die Toiletten, die Heizungsanlage und Räume für Bestuhlung bei Tanzveranstaltungen. Ein besonderer Schmuck des Saales muß noch hervorgehoben werden: Georg Waltenberger, 1865 geboren, ein im In- und Ausland geschätzter, ja berühmter Maler, schuf für diesen Saal ein duftiges Wandgemälde, das mehrere nur mit Schleiern leicht verhüllte tanzende Grazien zeigte.

Auch mit der Gestaltung der Parkanlage gab man sich Mühe, vor allem wollte man den noch vorhandenen Baumbestand erhalten. Der Musikpavillon wurde entfernt, der Brunnen vor der Lesehalle an das Südende des Parks versetzt. Den Haupteingang erreichte man auf breiterem Weg von der Maximilianstraße. Von hier führten einige Promenadenwege durch die gefällige gärtnerische Anlage. Vor der Hauptfront des Saales entstand ein großer freier Platz ("Promenadenplatz" 13 x 32 m) mit Sitzgelegenheiten. Es war, alles zusammengenommen, ein durchdachtes Gesamtwerk, das auch in der auswärtigen Presse Anerkennung fand: Die „Münchner Zeitung" urteilte in einer Reportage: Kursaalbau in „vollem Umfang gelungen."

Aber auch dieser Kursaal, unter so vielen Schwierigkeiten geboren, hatte nicht allzulange Bestand. Seine Errichtung war zwar eine große Tat und Leistung der Marktgemeinde, es war aber damit nur ein Minimalprogramm verwirklicht worden, und so konnte er auch in späteren Jahren den gestiegenen Anforderungen nicht genügen. Beide, Lesesaal und Kursaal, mußten 1974 einer ganz neuen Planung weichen. Ein neues, nun richtiges Kurhaus erwuchs an Stellte des alten, und sogar das Hotel Stiftskeller wurde mit einbezogen und verschwand. - Wer kann sich heute noch an Lesehalle, altes Kurhaus, Stiftskeller erinnern?

Was entstand an der Stelle des Postparks, der noch vor gar nicht so langer Zeit die Postwiese war, auf der die Kinder spielten, sich im Winter die Schlittschuhläufer und Eisstockschützen vergnügten, im Sommer Viehmärkte abgehalten wurden? Berchtesgaden erhielt einen Omnibusparkplatz und darunter eine Tiefgarage. Schöner wurde diese Mitte Berchtesgadens zwar nicht, aber vielleicht war diese neue Errungenschaft eine wirtschaftliche Notwendigkeit. Gerade heute, in der Zeit zurückgehender Kurgästezahlen, müssen Gäste und Touristen in den Ort geführt und dürfen nicht außerhalb ausgeladen werden. Und das so dringend benötigte Kurhaus kann nur mit einer viele Parkplätze bietenden Tiefgarage vor der Tür seine Aufgaben erfüllen. Park und Ride-System mag in anderen Orten (Salzburg) angebracht erscheinen, für den kleinen Markt Berchtesgaden wäre es sicher nicht praktikabel.

30 Jahre steht nun schon das „neue" (dritte!) Kurhaus, mit großem viele Personen fassenden Saal und kleinerem, für Vorträge geeigneten Raum, mit Lesesaal, Restauration, Büros und einem neuen Kurgarten vor der Tür - bei aller Kritik, die auch hier wieder laut wurde, ein Ensemble, das sich sehen lassen kann und viel benutzter touristischer und gesellschaftlicher Mittelpunkt wurde. Zahllose Kongresse und Großereignisse konnten seither nach Berchtesgaden geholt werden. Berchtesgaden kann im Konzert der berühmten Kurorte seinen ihm gebührenden Platz und Rang einnehmen.

Freiherr von Barth

Biographie und Verwaltungskunde

Eine bedeutende Persönlichkeit in Berchtesgaden in der zweiten Hälfte des 19. Jahrhunderts war der Land- und spätere Oberamtsrichter Ignatz Balthasar Ferdinand Freiherr von Barth zu Harmating. Er war nicht weniger als 42 Jahre am hiesigen Amtsgericht tätig und blieb auch nach seiner Pensionierung mit seinen drei Töchtern in Berchtesgaden wohnen und leben. 1905, vor nunmehr 100 Jahren, verstarb er, 87 Jahre alt, und wurde in unserem „alten" Friedhof begraben. Nicht nur wegen seiner vielen in wichtiger Stellung verbrachten Jahre war er für unseren Heimatort von besonderer Bedeutung, sondern weil er sich im Berchtesgadener Gesellschafts- und Vereinsleben außergewöhnliche Verdienste erworben hat. So ist es mehr als gerechtfertigt, seiner Persönlichkeit einen Abschnitt in diesem Buch zu widmen. So war sein Leben hier auch ausgefüllt mit Anerkennung und Ehrungen der verschiedensten Art. Werfen wir zunächst einen Blick auf seinen dienstlichen Werdegang, der hinsichtlich seiner Ausbildung sicher der typische Studien- und Bildungsgang des höheren Beamten seiner Zeit war.

Er war am 6. September 1817 in Starnberg auf die Welt gekommen als dritter Sohn des damaligen königl. Landrichters Johann Nepomuk von Barth und dessen Ehefrau Therese, geb. v. Gumppenberg. Er selbst schreibt, daß er „durch die ungeschickte ärztliche Behandlung dem Tode nahe gebracht, aber durch die Geschicklichkeit des Kinder- und Frauenarztes Dr. Berger in München dem Leben erhalten" wurde. Als Folge dieser Umstände blieb er zunächst körperlich zurück, entwickelte sich aber nach dem 16. Lebensjahr zu einem kräftigen jungen Mann. Zur Stärkung und Kräftigung hatte er ein ganzes Jahr auf dem elterlichen Gut in Harmating zugebracht. Nach seiner Gymnasialzeit, die er teils in München, teils in Landshut zubrachte und 1837 mit dem Gymnasial-Absolutorium abschloß, studierte er an der Universität München Jurisprudenz. Im Jahr 1841 bestand er die theoretische Prüfung und begann dann seine juristische Laufbahn als Rechtspraktikant an dem Landgericht Bayreuth und dem Kreis- und Stadtgericht München. 1843 schloß er diesen Ausbildungsabschnitt mit dem „Staats-Concurs" für den höheren Justizdienst mit der Note II 27/84 ab.

Nun arbeitete er als Praktikant am Landgericht Wolfratshausen und dem Appelationsgericht in Freising und als „Accessist" am Kreis- und Stadtgericht München. 1848 praktizierte er in der bayerischen Rheinpfalz in Zweibrücken, „um das öffentliche und mündliche Verfahren nach der französischen Gesetzgebung kennen zu lernen." Nach München zurückgekehrt, war er Mitarbeiter am Kgl. Wechsel- und Merkantilgericht.

Durch „Allerhöchste Entschließung S. Majestät des Königs Max II. vom März 1851" erhielt er seine erste feste Anstellung im Staatsdienst als „Aktuar" (so hießen die Neben-beamten) beim kgl. Landgericht Berchtesgaden und wurde am 1. Juli 1862 zum kgl. Landrichter befördert. Sein Gehalt belief sich zunächst auf jährlich 1.400 Gulden und steigerte sich bis 1877 auf 4.260 Mark. Ab 1879 war er Oberamtsrichter am Amtsge-richt Berchtesgaden und verdiente kurz vor der Pensionierung 5.340 Mark. Als „An-erkennung seiner langjährigen, treuen und ersprießlichen Dienstleistungen" gewähr-te man ihm mit „Allerhöchster Entschließung" im 76. Lebensjahr nach 42jähriger Dienstzeit den Eintritt in den Ruhestand. Frhr. v. Barth schreibt selbst: „An dem mir lieb gewordenen Aufenthalte im hiesigen Markte und der hiesigen schönen Gegend mit ihrer biederen Bevölkerung gewöhnt, entschloß ich mich, meine Lebenstage in de-ren Mitte zu verbringen und dahier zu verbleiben." Sein Sohn Rudolf war bereits 1892 im Alter von 32 Jahren gestorben, seine Frau Mathilde, geb. Weishaupt, war 1879 nach 23jähriger Ehe durch dem Tod hinweggerissen worden. Drei Töchter, Theres, Agnes und Irene sorgten für den Vater in seinem „hohen Greisen-Alter" in liebevollster Weise.

In der Zeit, in der Barth nach Berchtesgaden kam, waren Justiz und Verwaltung noch nicht getrennt. Das Landgericht (älterer Ordnung) war also das erstinstanzliche Ge-richt und gleichzeitig die untere Administrativbehörde. Jedes Landgericht war besetzt mit einem Landrichter, einem Aktuar, einem Gerichtsdiener und sonstigem Unter-personal. Parallel zu den Landgerichten gab es die Rentämter, die späteren Finanz-ämter, die unterste Finanzverwaltungsbehörde. Rentamtsbezirk und Landgerichts-sprengel sollten sich decken.

Das Landgericht (älterer Ordnung), dessen Leiter in Berchtesgaden Frhr. v. Barth war, entschied in bürgerlichen Rechtsangelegenheiten, es umfaßte alle Klagen und Kon-kursverfahren, die einen Streitwert von 150 fl. (Gulden) nicht überschritten. Zu seinen Amtsgeschäften gehörte die sog. freiwillige Gerichtsbarkeit, d.h. die Mitwirkung bei pri-vaten Rechtsgeschäften durch Beurkundung, die Führung von Grundbüchern, Ober-vormundschaft und dergleichen. Bis 1861, als die Trennung von Justiz und Verwaltung in die Wege geleitet wurde, war das Landgericht auch die untere Polizeibehörde und hatte in seinem Aufgabenbereich die öffentliche Sicherheit (einschließlich Feuersi-cherheit und Bauaufsicht), Pressepolizei, Medizinalwesen, Förderung von Gewerbe,

Handel und Landwirtschaft, Fürsorge- und Armenwesen. Das Landgericht war also eine umfassende Behörde, der Landrichter eine unglaublich bedeutende und wichtige Persönlichkeit. Ab 1861 erfolgte dann die Trennung von Justiz und Verwaltung auch auf dieser untersten Ebene. Als eigenständige Behörden wurden auch die Notariate eingerichtet. Der Amtsrichter urteilte nur in geringen Fällen allein, in allen anderen im Schöffengericht. Die Verwaltungsaufgaben, welche das Landgericht bisher zu erledigen hatte, übernahmen die neu eingerichteten Bezirksämter mit dem Bezirksamtmann an der Spitze. Damit war die so nötige und wichtige Trennung von Justiz und Verwaltung, von Judikative und Exekutive, in der unteren Behörden- und Gerichtsinstanz durchgeführt, deren Vorbereitung, Durchorganisierung und Einführung nicht weniger als rund 40 Jahre in Anspruch genommen hatten. Damit war die unparteiliche Ausübung der Rechtspflege durch unabhängige Richter und die schnelle und sachgemäße Verwaltung gewährleistet. Aus den Bezirksämtern wurden dann später die Landratsämter und analog die Landkreise mit dem Landrat an der Spitze. Das Amtsgericht blieb im wesentlichen in seinem Aufgabenbereich als unterste Gerichtsinstanz bestehen, das Landgericht übernahm die Rechtsprechung auf der mittleren Ebene.

Ein Leben im Dienste Berchtesgadens

Nach diesem Exkurs in die Verwaltungs- und Behördenorganisation in Berchtesgaden und allgemein in Bayern zur Zeit unseres Ignatz von Barth wenden wir uns wieder diesem selbst und seiner Position in der Berchtesgadener Bevölkerung zu. Er gehörte zu jenen Beamten, die nicht nur ihren Beruf zur Zufriedenheit ausüben, sondern ihr Interesse an den Menschen durch tätige Teilnahme an ihrem Leben beweisen. Er kapselte sich nicht ab in einem Elfenbeinturm, was ihm seine adelige Geburt und seine Stellung ermöglicht hätten, er suchte und fand den Kontakt zu seinen Mitmenschen. Er selbst schreibt, daß er seine Tätigkeit nicht auf seinen Lebensberuf als Justizbeamter allein beschränkte, sondern auch auf Zwecke des öffentlichen Lebens ausdehnte. Dies zeigte sich besonders darin, daß er im Berchtesgadener Vereinsleben eine bedeutende, vielfach führende Rolle einnahm. Er selbst hat fein säuberlich Buch geführt über die Vereine, deren Mitglied er war, und über die Ehrungen und Auszeichnungen, die er, vor allem dann auch im Alter, erhielt. Wenn sie nun aufgezählt werden, dann vor allem deshalb, weil sie sichtbare Beweise sind für seine Verwurzelung in der Be-

völkerung und für sein Interesse und seine Teilnahme an deren Leben.

Schon 1851, bei seinem Dienstantritt in Berchtesgaden, wurde er Mitglied und Vorstand des Landwirtschaftlichen Vereins Berchtesgaden, der damals sage und schreibe ganze 10 Mitglieder umfaßte. Zeichen seiner erfolgreichen Vorstandsarbeit waren die 124 Mitglieder im Jahre 1890. Schon 1864 wurde er vom landwirtschaftlichen Verein Oberbayern mit der großen goldenen Medaille und mit Ehrendiplom ausgezeichnet. Vom Prinzregenten Luitpold erhielt er den bayerischen Verdienstorden, von der Regierung von Oberbayern zweimal, 1860 und 1865, für seine Kultivierungsarbeiten „lobende Anerkennung." Der Verein wählte ihn zum Ehrenvorstand. - Er war Gründungsmitglied des Berchtesgadener Verschönerungsvereins 1872 und dessen erster Vorstand bis 1885. Auch hier wurde er anschließend Ehrenvorstand, mit kunstvollem Ehrendiplom. Von 1876-86 war er erster Schützenmeister der Hauptschützen-Gesellschaft, dann Ehren-Schützenmeister. 1864-75 bekleidete er die Vorstandsstelle der Liedertafel, im Historischen Verein von Oberbayern war er seit 1841 Mitglied und wurde 1893 Ehrenmandatar. Seit der Gründung der Sektion Berchtesgaden des Deutsch-österreichischen Alpenvereins war er Mitglied des Sektionsausschusses, 1900 Ehrenvorstand. 1880 wurde er von der Königin-Witwe Maria mit der Verwaltung des von ihr gegründeten Stiftungs Fonds für arme Salinenarbeiter und deren Familien betraut und erhielt von ihr ihr Bild im goldenen Rahmen. Er war auch zum Dienst am königlichen Hof als kgl. Kämmerer auserwählt und erhielt für diesen 50jährigen Hofdienst das Ehrenkreuz des Ludwigsordens. 1889 wurde er Ehrenmitglied des Veteranen-Krieger- und Kampfgenossen-Vereins Berchtesgaden I und empfing die gleiche Ehrung 1895 von dem Verein Markt Berchtesgaden. Nicht nur für Berchtesgaden zeigte er sein Interesse, sondern auch darüber hinaus: So gehörte er seit 1869 dem Germanischen Museum in Nürnberg als Mitglied, seit 1872 als Pfleger an und wurde 1903 zum „Ehrenpfleger" ernannt. Vom Deutschen Flottenverein in Berlin erhielt er 1904 ein Ehrendiplom.

Die Auflistung der Ehrungen würde, bei größerer Genauigkeit, noch ausführlicher ausfallen. Einige besondere Anlässe mögen - trotz der Gefahr der Eintönigkeit - noch angeführt werden: Aus Anlaß der 50jährigen Wiederkehr seines Eintreffens 1851 beim hiesigen Landgericht fand eine Festversammlung im Hotel Post statt mit besonderen Ehrungen. Vom Prinzregenten wurde er ins Schloß zur Tafel gebeten, er mußte an dessen Seite Platz nehmen. Der Prinzregent besuchte ihn auch wiederholt in seinem Haus. Die Bergknappen arrangierten ein Fest aus Anlaß der 50. Teilnahme Barths am Bergknappen-Jahrtag. Ein besonderes Kapitel sind die vielfältigen Ehrungen, die er an seinem 80. Geburtstag erfuhr. Am Abend des 6. September 1897 veranstaltete die Bevölkerung ihm zu Ehren einen Fackelzug (bei strömendem Regen!), Bürgermeister Kerschbaumer hielt die Festansprache.

Es mag genug sein mit dieser Aufzählung, die sich auf Aufzeichnungen Barths stützt. Es sieht fast ein bißchen nach Eitelkeit aus, und Barth beschlich selbst ein wenig dieses Gefühl, denn er schreibt: „...ohne mich eines Selbst-Lobes schuldig zu machen..." Er wollte nur zeigen, daß er sein langes Leben in fortwährender Tätigkeit verbrachte. „Durch den landwirtschaftlichen Verein habe ich für den ganzen Bezirk, durch den Verschönerungs-Verein für den Markt Berchtesgaden speziell nutzbringend zu wirken versucht, und wenn es mir geglückt ist, Nützliches und Vorteilhaftes für das Wohl des Landes und des Marktes Berchtesgaden geschaffen zu haben, so bin ich vollständig zufrieden gestellt und scheide beruhigt aus diesem Leben, aber nicht ohne allen jenen meinen herzlichsten Dank zu sagen, welche mir freundlich gesinnt waren und mich in meinem Wirken getreulich unterstützt haben."

Und seine Aufzeichnungen beendete er mit diesen letzten Zeilen: „Und somit nehme ich Abschied von den Bewohnern des Marktes und des Landes Berchtesgaden, in deren Mitte ich den größten Teil meines Lebens verbracht und mit denen ich Freud und Leid geteilt habe. Möchte mir ein freundliches Andenken bewahrt bleiben." - Seinem Wunsch gemäß wollen wir dem braven Mann ein herzliches Gedenken widmen.

Neben Ignatz v. Barth ist in Berchtesgaden sein Neffe Dr. Hermann Frhr. v. Barth zu nennen. In alpinistischen Kreisen gehört er zu den bekanntesten Berchtesgadener Bergsteigern, der trotz der kurzen Zeit - er war nur 1 Jahre in Berchtesgaden am Amtsgericht - viele Gipfeltouren, auch Erstbesteigungen, durchführte. Er gilt „als erster eifriger Anhänger des führerlosen Alleingehens". Nach seinem Jurastudium widmete er sich noch der Geologie. Bei seinen Forschungsreisen machte er in den Tropen in einem Fieberanfall im Jahre 1874 (29jährig!) seinem jungen hoffnungsvollen Leben ein Ende.

Königin Marie und Kronprinzessin Marie Gabrielle in Berchtesgaden

Die Erinnerung an zwei Frauen aus dem bayerischen Königshaus in diesem Buch hat seine guten Gründe. Sie hatten in ihrem Leben enge Beziehungen zu Berchtesgaden, verbrachten mehr oder weniger lange Zeiten in Berchtesgaden und gehören also in die Geschichte Berchtesgadens. In den Geschichtswerken - von wem sie auch immer geschrieben sind - spielen Frauen keine große Rolle. Die geschriebene Geschichte Berchtesgadens ist eine Geschichte von Männern. Selbst von dem Frauenkloster, das immerhin mehrere Jahrhunderte bestand, ist nur wenig bekannt. Es ist also ein Gebot historischer Fairneß, wenigstens an zwei Frauen zu erinnern, an ihr Leben in Berchtesgaden und an ihr Schicksal, das Glück und Unglück in reichem Maße kannte. Es sind die bayerische Königin Marie, Gemahlin König Maximilians II., Mutter der Könige Ludwig II. und Otto, und die 1. Gemahlin von Kronprinz Rupprecht Marie Gabrielle.

Königin Marie

Maximilian, ältester Sohn König Ludwigs I., war 1811 zur Welt gekommen und war natürlich zur Thronfolge ausersehen. Anders als sein Vater war er nicht so sehr den Künsten zugeneigt, seine ganze Liebe und Leidenschaft gehörte der Wissenschaft, und hier vor allem der Geschichtswissenschaft. Er studierte an den Universitäten Göttingen und Berlin und war eigentlich der geborene Wissenschaftler mit methodisch geschultem, fast etwas pedantischem Verstand. Sein Bekenntnis: „Wäre ich nicht in einer königlichen Wiege geboren, wäre ich am liebsten Professor geworden," ist durchaus glaubhaft. Seiner systematischen Arbeits- und Vorgehensweise entsprach es auch, daß er bei seiner Brautsuche planmäßig und überlegt vorging. Nach einem Besuch bei seinem Bruder Otto, dem griechischen König, in Athen, suchte er auf der Heimreise in Italien soviele Prinzessinnen wie möglich zu sehen, um darunter unter Umständen eine passende zu finden. Die Eltern hätten es gerne gesehen, wenn er sich für eine russische Großfürstin entschieden hätte, aber er wollte selber seine Wahl treffen. So machte er sich, obwohl schon des Reisens müde, wieder auf den Weg, zunächst nach Hamburg, da eine der auf der Liste stehenden Prinzessinnen dort in der Nähe sich aufhalten sollte. „Ich halte es nämlich für meine Pflicht", schrieb er an seinen Vater, „bevor ich mich für immer binde, diesen Sommer möglichst viel Prinzessinnen gesehen zu haben." Um aber ganz sicher zu gehen, ja keine ev. Prätendentin bei der Besichtigungstour übersehen zu haben, wandte er sich anschließend nach Schwerin, Dessau, Hessen, Homburg, Lippe, Frankfurt und Darmstadt. „Der Himmel möge mir beistehen," war Maximilians Gebet. Der Vater Ludwig I. verfolgte Maximilians Brautsuche mit gutmütigem Spott. In einem Brief schrieb er: „Heute in einem Monat, an dem 30. Jahrestag seiner Geburt, will der Kronprinz Bräutigam sein, von wem? Das weiß ich nicht und er wohl selbst nicht."

Hier aber täuschte sich der Vater, denn Maximilian hatte seine Herzenswahl getroffen, seine Braut gefunden: Die Auserwählte war die erst 16jährige, überaus schöne und liebreizende Preußenprinzessin Marie. Marie Friederike Franziska Hedwig Prinzessin von Preußen war eine Hohenzollerin und konnte auf eine großartige Verwandtschaft zurückblicken. Sie kam aus der Familie des großen Preußenkönigs Friedrich II. Ihr Urgroßvater war der Bruder dieses Königs, ihr Großvater war König Friedrich Wilhelm II. von Preußen. Ihr Onkel, der älteste Bruder ihres Vaters, war von 1797-1840 als Friedrich Wilhelm III. König von Preußen.

Es war kein Wunder, daß sich der bayerische Kronprinz in dieses Mädchen verliebte. Marie war zwar klein von Gestalt, (Maximilian selbst auch nur mittelgroß) aber von außergewöhnlicher Schönheit. Maximilian schrieb voll Glück: „Gefunden ist der Frauen Krone / Die hohe Rosenkönigin", und an seinem Verlobungstag nicht weniger romantisch: „Gott möchte einen Engel senden, / Der meiner Seele Sehnsucht stillt: / Das fleht ich mit erhobnen Händen, / Die Bitte ist mir nun erfüllt." Die Hochzeit wurde 1842 in München zusammen mit 36 Brautpaaren gefeiert.

Das Brautpaar war ein „Bild des Glücks". Beide waren wirklich ineinander verliebt: es war keine vernunftmäßige dynastische Ver-

Königin Marie von Bayern, geb. Prinzessin von Preußen 1825-1889, Gemälde von Joseph Stieler

bindung, sondern eine wirkliche Liebesheirat. Die liebliche, man muß wirklich sagen holdselige Braut, erschien allen wie ein Engel, sie hieß auch weithin „Angelo di Dio" und bezauberte mit ihrer „engelhaften Schönheit und himmlischen Herzensgüte" jedermann. Auch König Ludwig I., Maximilians Vater, war hellauf begeistert von seiner Schwiegertochter, er bekannte „Keine bessere Schwiegertochter als Marie hätte ich bekommen können." Er hatte einen besonderen Blick für Frauenschönheit, und so gab er seinem Hofmaler Josef Stieler sogleich den Auftrag, Marie für die Schönheitengalerie zu malen. Und noch einmal sei König Ludwig I. zitiert. Er schrieb an den König von Preußen: „Die Lieblichkeit, Gemütlichkeit, Anmut selbst ist meine Schwiegertochter Marie, verliebt in ihren Mann, wie es mir vorkam. Es ist ein glückliches Pärchen."

1848 war die freie, frohe, pflichtenlose Zeit vorbei, König Ludwig trat zurück, Maximilian mußte das verantwortungsvolle Amt des Königs von Bayern übernehmen. Das Verhältnis zu seinem Vater war schon seit der Jugendzeit nicht spannungsfrei - die Charaktere waren zu verschieden - und Maximilian mußte eine selbständige Haltung gewinnen und behaupten.

In Berchtesgaden baute er sich etwas außerhalb ein eigenes Schloß oder besser ein Landhaus, die sog. „Kgl. Villa". Königin Marie liebte diese Villa sehr und fühlte sich in ihr und in Berchtesgaden überaus wohl. Dazu kam, daß sie - obwohl eine Norddeutsche - eine ausgesprochene Liebe zu den Bergen besaß und nun zu einer begeisterten und auch kühnen Bergsteigerin wurde. Es ist mehr als merkwürdig, daß in der Geschichte des Alpinismus wie auch der Geschichte der Eroberung der Berchtesgadener Berge Königin Marie ganz außer acht gelassen wird. Dabei ist sie, die Hohenzollern Prinzessin aus Berlin, eine Pionierin des Alpinismus, zumindest des Frauenalpinismus. Und diese Pionierin um die Mitte des 19. Jahrhunderts war eine leibhaftige Königin! Da gab es noch nicht die breiten ausgebauten Touristensteige, da gab es oben noch nicht die Unterkunftshäuser. 1862 erst wurde der österreichische Alpenverein, 1869 der Deutsche Alpenverein ins Leben gerufen.

Die Bergsteigerin

In der schön und frei gelegenen Königlichen Villa fühlte sich die bayerische Königsfamilie ungemein wohl, Königin Marie war von dem Bau so begeistert, daß sie mehrere Modelle davon schnitzen ließ, um sie als kostbare Gaben zu verschenken. Von hier aus unternahm sie (wie andererseits auch von Hohenschwangau aus) ihre Bergtouren und -wanderungen. Da die normalen höfischen Kleider-Roben und andere aufwändigen Toiletten - weiß Gott nicht geeignet waren für Bergtouren bei Wind und Wetter, entwarf sie sich eine eigene Bergsteigertracht aus festem schwarzen Lodenstoff. Unter einem Rock trug sie eine lange Hose aus demselben Stoff, die bis zu den festen Schuhen reichte. Ein fescher Stöpselhut auf dem Kopf, eine Alpenstange in der Rechten - fertig war die Gebirgsausrüstung. Auch ihr Mann trug übrigens bei seinen Jagd- und Bergfahrten einen Anzug mit Trachtenelementen.

So ausgerüstet, unternahm die Königin 1854 den Aufstieg auf den Watzmann. Mit ihrer Begleitung begann sie die Besteigung von der Ramsau aus, wobei auf der Grubenalpe übernachtet wurde. Folgen wir nun der Beschreibung einer Hofdame: „Meine verehrte Königin und ich sollten auf der Schlafstelle der Sennerin liegen. Diese war jedoch gegen vorne abschüssig, daß ich, die ich natürlich vorne lag, die ganze Nacht mich anhalten und anstemmen mußte, da die Königin immer gegen mich herabrutschte und trotzdem herrlich schlief. Um 3 Uhr morgens wurde gefrühstückt, gegen 5 Uhr aufgebrochen und nach 4stündigem Marsch erreichten wir den Gipfel des Großen Watzmanns. Der Raum oben ist sehr klein, und doch lagerten auf jener luftigen Höhe wohl 30 Personen. Die

Königin Marie als Bergsteigerin (Aus: Martha Schad, Bayerns Königinnen, Vlg Pustet Regensburg 1992)

Aussicht war überwältigend großartig, und da - eine Seltenheit - kein Lüftchen wehte, konnten wir volle drei Stunden diesen herrlichen Anblick genießen.“

1858 bestieg die Königin auch den Untersberg. Der „Grenzbote“ vom Donnerstag, 23. September 1858, berichtete auf Seite 302: „Von Berchtesgaden wird berichtet, daß Ihre Majestät die Königin 2 Tage vor der Abreise mit dem Kronprinzen den Untersberg bestiegen hat und dabei im allgemeinen von der Witterung begünstigt war. Der Kronprinz zeigte sich nach dem Vorbild seiner königlichen Mutter als gewandter, ausdauernder Steiger, was zu einem erfreulichen Schluß auf dessen Rüstigkeit und körperlicher Ausbildung berechtigt." Übrigens heißt es an anderer Stelle (M. Schad, Bayerns Königinnen, S. 234), daß Königin Marie es ihrem Sohn verboten hatte, sie zu begleiten, und daß sich Ludwig deshalb bei seinem Großvater bitter beklagte.

In einer anderen Ausgabe des Grenzboten lesen wir: „Unser ganzer königlicher Hof befindet sich in bestem Wohlseyn (in Berchtesgaden, d. Verf.), besonders zeichnet sich unsere allergnädigste Königin durch ihre Huld, Freundlichkeit und Liebe aus. Die königlichen Prinzen folgen dem Beispiel ihrer erhabenen Mutter und Prinzessin Alexandra (die Schwester Maximilians II.) besucht nach ihrer Wohltätigkeit und Herzensgüte sehr häufig Kranke und Presthafte - da ist ihr kein Weg zu weit und beschwerlich. Gott erhalte und segne unser königliches Haus!"

Kronprinz Ludwig, der spätere König Ludwig II., und sein Bruder Otto in Bergsteigertracht
(Aus: M. Schad, Bayerns Königinnen, S. 159)

Eine interessante Geschichte ereignete sich 1959, als Königin Marie mit ihren beiden Söhnen Ludwig und Otto einen Ausflug in die Fischunkel am Obersee unternahm. Von dort aus stiegen sie weiter auf zu einem Platz, an dem ganz besonders schöne Edelweiß, die Lieblingsblume der Königin, wuchsen. Bei der Königin befanden sich als Begleitung für dieses nicht ungefährliche Unternehmen in den Wänden um den Obersee zwei Hofdamen, Graf La Rosée, Baron Wulfen, der Erzieher Ludwigs und zwei Bergführer. Diese Unternehmung sollte allerdings recht dramatisch, ja fast tragisch, enden. Die Königin ermunterte die beiden jungen Prinzen, Edelweiß zu pflücken, und schickte Baron Wulfen zur Begleitung mit. Dieser aber stürzte ab und lag blutend unter ihnen. „Otto", schreibt später die Königin, „weinte und schluchzte und Ludwig fing an zu weinen, mir aber zitterten die Beine." Trotzdem lief sie, die schneller zu Fuß war als die anderen, zum Obersee, um einen Arzt zu holen, Ludwig lief nach einem Priester. Der Schwerverletzte wurde geheilt und konnte seinen Hofdienst wieder übernehmen. Ein Jahr später kehrte er zur Erinnerung an die Unglücksstelle zurück - und stürzte erneut ab.

Als Lieblingsplätze der Königin galten Hintersee, St. Bartholomä und die Eiskapelle am Fuße der Watzmann Ostwand. In St. Bartholomä konnte man im Jagdschloß einkehren, sich das vorzügliche Bartholomä-Mus oder die köstlichen, berühmten „Schwarzreiter" schmecken lassen. Bei schönem Wetter dinierte man am Seeufer im Freien. Von einer solchen Szene im Freien besitzen wir einen kleinen, interessanten Bericht (aus den Erinnerungen der Tochter Kobells): „Heute war ein guter Tag für die Jagd ... Die Tafel war in Bartholomä, die Sennerinnen hatten das vom König erlegte Wild auf dem Streckplatz mit Alpenrosen, Edelweiß und mit dunkelgrünem Bärenkraut geziert - die Königin war mit ihren Damen zum Mahl erschienen, ein Schauspiel mit Glanz und Schönheit."

Einer dieser Ausflüge nach Bartholomä fand eine bemerkenswerte Fortsetzung: Als schon die Nacht heraufgestiegen war und sich das milde Licht des Mondes im See spiegelte, kam die Königin, die ja selber eine kühne und gute Bergsteigerin war, auf die Idee, noch zur Eiskapelle aufzusteigen. Und tatsächlich wurde dieser Vorschlag sogleich unter Fackelschein verwirklicht - zur geringen Freude mancher Herren der Begleitung, die weniger gut zu Fuß waren.

Wenn auch die Königin nach dem Tode ihres Mannes Maximilian II. ihren Witwensitz im Schloß Hohenschwangau nahm, Berchtesgaden hat sie nicht ganz vergessen:

1868 erhielt der Vorstand des Berchtesgadener Landgerichts Frh. v. Lurz von der Oberst-hofmeisterin der Königin 1.000 Gulden ausgehändigt, die „für die durch die Zeitver-hältnisse bedrängten armen Berchtesgadener verwendet werden sollen." Wenige Wo-chen danach erhielt Bezirksamtmann Lurz von Marie 4.670 Gulden, von denen er 4.000 Gulden verzinslich anlegen sollte, über die restlichen 670 Gulden frei zugunsten Be-dürftiger verfügen konnte. 1884 wurde die Summe von 4.000 Gulden, nun umgerech-net 7.214 Mark, in eine Stiftung für arme und brotlos gewordene Arbeiter der könig-lichen Saline Berchtesgaden und ihre Angehörigen umgewandelt. 1928 war das Ende dieser Königin Marie-Stiftung gekommen, der Rest des durch die Inflation entwerte-ten Vermögensbestandes wurde der Bruderhausstiftungs-Kasse einverleibt, da der Stif-tungszweck nicht mehr erfüllt werden konnte.

Wir gewinnen bei allem den Eindruck, daß Königin Marie in ihrer Ehe, als Mutter, in ihrer hohen Stellung als Königin, in ihren Aufgaben und Pflichten, vor allem auch in ihrem sozialen Engagement, ein ausgefülltes, glückliches Leben führte. Allerdings war die Gesundheit König Maximilians seit seiner Jugend nicht die beste, vor allem auch als Folge einer Typhuserkrankung. Besonders plagten ihn häufig heftige Kopf-schmerzen.

Eine Wundrose, schließlich eine Blutvergiftung, brachte ihm den Tod. Am 10. März 1864 mittags 3/4 12 Uhr starb er - gottergeben - längst vorbereitet auf diese Stunde. Aus der glücklichen fröhlichen Königin war eine tieftrauernde Witwe geworden - sie war erst 39 Jahre alt. 22 Jahre waren ihr an der Seite des geliebten Mannes gegönnt gewesen. Ihr Sohn Ludwig, mit 19 Jahren völlig unvorbereitet regierender Monarch ge-worden,verlieh ihr den Titel „Königin-Mutter". Aber eine unnachsichtige Vorsehung hatte noch weitere Schicksalsschläge für die unglückliche Frau bereit. Ihre beiden Söh-ne kümmerten sich zwar rührend um die Mutter, die unglückliche Veranlagung der beiden aber ließ sich in den kommenden Jahren nicht mehr übersehen. Ludwigs Ver-halten wurde immer seltsamer, wenn auch eine Geisteskrankheit bis heute nicht un-bestritten ist, gemütskrank war er ohne Zweifel. Bei Otto stellte sich tatsächliche Geis-teskrankheit ein, er wurde in Schloß Fürstenstein untergebracht. Je mehr Ludwigs Le-ben zur Exzentrizität neigte und in eine Traum- und Phantasiewelt hinabglitt, versuchte die Mutter, ihn auf den Boden der Realität zu führen - vergebens, wie wir wissen. Ih-ren Sohn Otto besuchte die Mutter in seinem Schloß Fürstenstein immer wieder. Welch traurige Aufgaben für Marie! Schließlich mußte sie auch noch den auch heute noch rätselhaften Tod ihres Sohnes Ludwig in den Fluten des Starnberger Sees erleben. Am 13. Juni 1886 endete das Leben dieses „Märchenkönigs". Marie, die unglückliche „Königin-Mutter", verstarb am 17. Mai 1889 im Schloß Hohenschwangau.

Kronprinzessin Marie Gabrielle

In diesem Kapitel soll noch von einer zweiten königlichen Hoheit die Rede sein, von der bayerischen Kronprinzessin Marie Gabrielle. Sie mußte schon in jungen Jahren, mit 34 Jahren, Abschied von dieser Erde nehmen, nach glücklichen Jahren, aber auch viel durchlittener Krankheit und nach viel Herzeleid. Auch sie hatte enge Beziehungen zu Berchtesgaden und gehört so nicht nur in die bayerische Geschichte, sondern auch in die Berchtesgadens. Auch sie ist uns gewöhnlichen Sterblichen ein Beispiel dafür, daß auch Hochgeborenen die Widrigkeiten und Schicksalsschläge des Lebens nicht erspart bleiben. Mag diese Erkenntnis und Erfahrung in manchen Menschen Genugtuung hervorrufen, in diesem Fall kann man diese Feststellung nur mit tiefstem Mitgefühl treffen. Marie Gabrielle war eine ungewöhnlich hübsche, ja schöne Frau, tief religiös und voll menschlicher Güte und sozialer Verantwortung. Als ihr kleiner Sohn Luitpold sie einmal fragte, was eigentlich ein Prinz sei, gab sie zur Antwort: „Prinzen sind Menschen, die dazu da sind, um anderen zu helfen."

Marie Gabrielle war am 9. Oktober 1878 in Schloß Tegernsee als Tochter des Herzogs und berühmten Augenarztes Karl Theodor von Wittelsbach und dessen Gemahlin Maria José, Infantin von Portugal, geboren worden. Sie wuchs in einer überaus glücklichen Familie auf und war das jüngste von fünf Kindern, drei Prinzessinnen und zwei Herzögen. Vor allem mit ihren zwei Schwestern tollte sie in unbeschwerter Jugend herum. Sie war eine vorzügliche Turnerin und durch vielfache sportliche Betätigung hatte sie - wie es in einer Biographie heißt - „Muskeln wie Eisen"! Im Sommer sauste sie wo immer es ging mit dem Rad dahin, im Winter war ihr beim Rodeln kein Hang zu steil und gefährlich. „Sie hatte keine Angst und kannte keine Furcht." Kurz, sie war ein Mädchen voll überschäumender Lebenslust und Kraft.

Zur Ausbildung, Erziehung und Wissensmehrung besuchte sie mit ihrer Schwester Elisabeth mehrere Jahre das Salesianerinnen-Kloster Zangberg, in das sie sich bald eingelebt hatte und das sie zeitlebens in allerbester Erinnerung behielt. Tegernsee aber blieb ihr geliebtes Zuhause. Sie besaß für alles Schöne eine empfängliche Seele, ihre besondere Liebe gehörte den Blumen. Keine Krankenbesuche machte sie ohne Blumen, denn sie war der festen Meinung, daß Blumen den Kranken Freude und Hoffnung schenkten. Daneben war es vor allem die Musik, der sie die Kraft zuschrieb, innere Empfindungen wie Freude, aber auch Schmerz und Trauer auszudrücken, bzw. zu lindern. Wenn sie es selber auch nicht gerade zu einer meisterhaften Pianistin brachte, so konnte sie sich doch beim Klavierspielen völlig vergessen. Dabei war sie immer ein fröhliches Kind und Mädchen, immer zu Späßen und Neckereien aufgelegt. „Fröhliches heiteres Lachen hallte in den Gängen wider. Mit einem Wort, Marie Gabrielle erlebte eine glückliche, weitgehend unbeschwerte Jugend."

Marie Gabrielle, Prinzessin von Bayern, Gemahlin von Kronprinz Rupprecht (Aus: Marie Gabrielle Prinzessin von Bayern, von P.E. Huber, München 1913)

Der Weitung ihres geistigen Horizonts diente eine Reise mit ihren Eltern und Schwestern im Winter 1897/98 nach Algerien, die Rückreise führte über Tunesien, Sizilien, Neapel und Rom nach Hause an den Tegernsee. In Algerien wirkte der Vater segensreich als Augenarzt, wodurch die Familie manchen Zutritt in orientalische Häuser und Familien fand, der anderen verwehrt war. Hier gewann Marie Gabrielle ihre Begeisterung für den Orient und seinen Kulturkreis, die auch ihr späterer Gemahl, der bayerische Kronprinz Rupprecht, besaß.

Am Ostersonntag 1900 wurde die Verlobung der beiden offiziell angezeigt. Prinz Rupprecht, Sohn des Prinzen Ludwig, des späteren Königs Ludwig III., hatte schon lange ein „Auge" auf diese schöne Prinzessin geworfen, und daß er sie gewinnen konnte, war für ihn ein großes Glück. Und auch für Marie Gabrielle war es nicht nur eine glänzende Partie, sondern die Ehe mit diesem schönen, sympathischen, gebildeten bayerischen Prinzen war ihr großes Lebensglück. Die Ehe war eine ausgesprochene Liebesheirat.

Rupprecht, Kommandeur der VII. Infanteriebrigade, bezog mit seiner jungen Frau die Residenz der ehemaligen Bamberger Fürstbischöfe als Wohnung, wo das Prinzenpaar nun überaus glückliche Tage und Jahre verbrachte. Hier kam auch ihr Erstgeborener, Prinz Luitpold, zur Welt und machte das Glück vollkommen.

Den Sommer des Jahres 1902 verbrachte die kleine Familie in Berchtesgaden, und zwar im alten Klosterschloß mit dem schönen Blick über Berchtesgaden hinweg zum Watzmann und der blühenden Gartenterrasse, die so wunderbar nach Rosen duftete. Hier, in den Bergen, fühlte sich die Prinzessin besonders wohl, denn häusliches, familiäres Glück bedeutete ihr mehr als Pomp und aufregendes höfisches Leben. Sie erwartete ihr zweites Kind und sollte sich in Berchtesgaden „in dem ungemein günstigen Klima" auf die Entbindung vorbereiten.

Von manchen ehrwürdigen Räumen des alten Schlosses wurde bei fröhlichem Treiben Besitz ergriffen. Prinz Luitpold war nun 1 1/4 Jahre alt und Marie Gabrielle beschäftigte sich viel mit dem Kind. „Der uralte Kreuzgang horchte erstaunt auf das helle schallende Lachen glücklicher Menschen, wenn die hohen Eltern mit dem kleinen Prinzen spielten." Auch beim Tee auf der Terrasse war der kleine Luitpold dabei, entweder spielte er im Sand oder er schlief in seinem Wägelchen. In einem Brief schrieb die stolze Mutter: „Unser frisches Püttchen (Prinz Luitpold) wächst riesig und entwickelt sich sehr, geistig und körperlich ... Der Kleine ist aber auch ein furchtbar gutmütiges und freundliches Geschöpferl." Die Prinzessin, die in ihrer tiefreligiösen Einstellung Gott immer wieder im tiefen Gebet für alles dankte, sagte öfter zu ihrer Umgebung: „Ach, es ist so schön hier, ich habe Angst vor soviel Glück." Aus diesen Worten spricht fast so etwas wie eine undeutlich empfundene Ahnung von all dem schweren Leid, das sie noch zu ertragen hatte. Vor allem die Franziskanerkirche hatte es ihr angetan, und sie suchte sie besonders gerne auf. „Stundenlang kniete sie da ungekannt unter den Bauersfrauen in innigem Gebet versunken." Was ihr Herz an Freud und Leid bewegte, trug sie aber auch vor den Altar der Stiftskirche, vor dem sie mit dem kleinen Luitpold immer wieder kniete.

Weltreise und Krankheit

Am 21. September 1902 kam ihr zweites Kind, Irmingard, im Schloß Kreuth zur Welt. Nach der glücklichen Geburt und der völligen Erholung der Prinzessin wurde ein Projekt in Angriff genommen, welches das Elternpaar schon in der Brautzeit beschäftigt hatte: eine Weltreise. Marie Gabrielle schwankte lange hin und her, was sie tun sollte, zu Hause bei den Kindern bleiben oder ihren Mann begleiten. Aber die Wunderwelt des Orients und der fernöstlichen Länder lockte zu sehr, auch glaubte sie, ihren Gatten nicht allein lassen zu dürfen. Die Kinder wurden der Herzogin-Mutter zu treuen Händen und zu zuverlässiger Fürsorge und Obhut übergeben. Am 22. Dezember 1902 wurde diese Reise um die Welt, die seit Jahren wissenschaftlich vorbereitet worden war, angetreten. Die Schiffsreise ging von Genua aus über Aden, Colombo nach Java. Hier wurde die Prinzessin krank, vermutlich war es ein heftiger Malariaanfall. In China kam zu dem Fieber noch eine heftige Erkältung hinzu, so daß sie sich in Peking größter Schonung unterziehen mußte. In Tokio erhielt sie am 24. April die niederschmetternde Nachricht vom Tod ihrer kleinen Tochter Irmingard. Sie war in Tegernsee an Diphterie gestorben. Von jetzt an ging es mit der Gesundheit der Prinzessin, die schon während der langen Reise wiederholt zu wünschen übrig gelassen hatte, bergab.

In Tokio wurde bei erneutem heftigen Krankheitsanfall eine akute Blinddarmentzündung festgestellt und eine baldige Operation vorgeschlagen, die aber wegen befürchteter eventueller Folgen verschoben wurde. In einem japanischen Seebad blieb sie bis Mitte Juli, bis zum Antritt der Rückreise über San Franzisko und New York. Obwohl das Befinden der Kranken immer schlimmer wurde und man in New York die Operation vornehmen wollte, wurde sie wieder verschoben bis zur Ankunft in München, wo sie dann am 18. Oktober ausgeführt wurde. Da eine langwierige Venenentzündung folgte und eine Trombose drohte, wurde zur Erholung und Rekonvaleszenz ein Aufenthalt in Berchtesgaden ins Auge gefaßt.

Angesichts des eben Gelesenen kommt man automatisch auf den Gedanken, daß diese Weltreise besser unterblieben wäre. Selbst heute, bei ganz anderen Reisebedingungen, ist eine solche Reise um die Welt, mit abenteuerlichen Abstechern in das Landesinnere, eine risikoreiche Unternehmung.

Es war diesmal die Königliche Villa, die im Spätsommer 1903 bezogen wurde. Offenbar schien dieses Schloß, etwas außerhalb Berchtesgadens gelegen, mit dem freien Blick und dem Park vor der Tür, zur Wiederherstellung der Gesundheit besser geeignet als das alte Gemäuer des vielhundertjährigen Stiftsschlosses inmitten des Marktes. Der kleine Prinz Luitpold, der ihre ganze Freude war, war immer um sie - er hatte sie ja auch lange genug entbehrt. Prinz Rupprecht war im militärischen Dienst viel unterwegs und mußte fern von Berchtesgaden seinen dienstlichen Verpflichtungen nachkommen, seine freien Tage verbrachte er selbstverständlich an der Seite seiner Frau, die meist liegen mußte. Sie hatte sich aber immer selbst so sehr in der Gewalt, daß sie nie jammerte und auch nicht den Eindruck einer Kranken machte. Die beiden schwelgten dann in Erinnerungen an die Reise, und zahlreiche Reiseandenken umgaben die Prinzessin. Sie war inzwischen selbst zu einer wirklichen Kennerin der orientalischen Welt und Kultur geworden, so daß sie sich im Gespräch mit Rupprecht als ebenbürtige Partnerin erwies.

Auch 1904 und 1908 weilte Marie Gabrielle wiederholt in Berchtesgaden. 1905 war ihr zweiter Sohn, Prinz Albrecht, zur Welt gekommen, ein kräftiger Knabe, trotz der vielen Leiden der Mutter. Diese sollte so oft und lange wie möglich gesunde Landluft haben, denn ihre Gesundheit war immer angegriffen und schwankend. Wiederholte Badeaufenthalte (1904 Bad Levico bei Trient, 1905 Ostende und Bad Langenschwalbach) und Wochen in Kreuth und Possenhofen sollten demselben Zweck dienen. Am 7. Dezember 1906 aber erlitt sie eine Totgeburt, durch starken Blutverlust geschwächt, schwebte sie lange zwischen Leben und Tod. Nach Überwindung der Krise erstarkte sie wieder, aber nach wiederkehrenden Fieberanfällen diagnostizierten die Ärzte eine chronische Nierenentzündung. Am 30. Mai 1909 gebar sie ihren dritten Sohn Prinz Rudolph. Diese Geburt überwand Marie Gabrielle überraschend schnell. Trotzdem suchte sie die Heilquellen von Bad Wildungen auf. Der kleine Rudolph war „nach all dem Fieber und Elendsein von mir, eigentlich gegen alles Erwarten ein kräftiges, gar nicht nervöses Kind."

Ihr körperliches Befinden, geschwächt durch neue Fieberschübe, wurde auch durch einen Herbstaufenthalt in der Königlichen Villa in Berchtesgaden 1911 nicht besser. Sie sehnte sich nach südlicher Sonne, und von der Sonne Ägyptens erwarteten sie und die Ärzte Heilung. Sommer und Herbst war sie wieder in Berchtesgaden, wo sie meist liegen und sich zur Ruhe zwingen mußte. Aber ein weiterer, nun schon fast tödlicher Schicksalsschlag traf sie: Prinz Rudolph, der so kräftig schien, war ein blasses, müdes Kind geworden, er war zuckerkrank. Im Mai 1912 erlosch sein kleines Herzchen. Er „schlief einfach sanft ein - ohne Schmerz ... auf einmal war seine kleine Seele fortgeflogen."

Den Sommer 1912 verbrachte sie wieder in Berchtesgaden. Leuten aus ihrer Umgebung fiel auf, daß sie zunehmend abmagerte, auch nahm die schreckliche Müdigkeit, unter der sie besonders litt, immer mehr zu. Der Winter in der Sonne Süditaliens sollte ihr Besserung bringen. Ein neuer Schicksalsschlag, der nach dem Tod des Vaters nun unerwartete Tod ihres Bruders, des Herzogs Franz Joseph, schwächte erneut ihre Lebenskraft. Vier Wochen später, am 24. Oktober 1912, erlag sie in Sorrent einem erneuten schweren Schwächeanfall. Immer wieder hatte sie in unglaublicher Selbstdisziplin und fast unerschöpflichem Willen zum Leben gegen den drohenden Tod angekämpft - nun war er stärker gewesen. Prinz Rupprecht, der sie nach Sorrent begleitet hatte, inzwischen aber nach München zurückgekehrt war, erhielt telegraphisch die Schreckenskunde. Ganz gebrochen eilte er nach Sorrent zu seiner - toten Frau.

Fassungslos vor Glück - unfaßbares Unglück: das alles im Leben eines Menschen, der nur 34 Jahre alt wurde. Und doch meinte es das Schicksal noch gnädig mit der Prinzessin: Sie mußte es nicht mehr erleben, daß auch ihr ältester Sohn, Prinz Luitpold, 1914 starb - in Berchtesgaden.

Eine Gedächtnissäule in St. Bartholomä erinnert an diese glücklich unglückliche Prinzessin.

Leichenzug von Erbprinz Luitpold durch die Bahnhofstraße in Berchtesgaden

Erbprinz Luitpold, geb. 8.5.1901, gest. am 27.8.1914
in Berchtesgaden

Denkmal für die verstorbene Prinzessin Marie
Gabrielle in St. Bartholomä am Königssee, Foto 1913

Dietrich Eckart (1868-1923) Freilichtbühne und Adolf Hitler Jugendherberge

Wegbereiter Hitlers

Im Berchtesgadener Friedhof an der Franziskaner Kirche befindet sich das Grab Dietrich Eckarts, der 1923 hier gestorben ist und begraben wurde. Wenn hier an ihn erinnert wird, dann nicht deshalb, weil er heute von irgendeiner Bedeutung wäre und es aus besonderen Gründen wert wäre, daß er erneut in Erinnerung gebracht wird. Nein, das bestimmt nicht. Er machte vor 80 Jahren viel von sich reden, und auch später, nach 1933, war sein Name in Berchtesgaden vielfach in aller Munde. Er war einer der frühesten Freunde und Parteigenossen Adolf Hitlers und gerade auch mit Berchtesgaden eng verbunden. Es war Ehrensache für den neuen, von Nationalsozialisten dominierten Marktgemeinderat 1933, diesen Mann posthum in vielfacher Weise zu würdigen. Am 25. März 1933 stellte die Fraktion der NSDAP im Gemeinderat den Antrag, die Locksteinstraße in Dietrich Eckartstraße umzubenennen. Die Begründung dafür war recht lang: „Dietrich Eckart war einer der ersten und größten Vorkämpfer. Auch er hatte Berchtesgaden zu seinem Lieblings-Aufenthalt gewählt. Hier in unserem schönen Bergland fand er stets wieder neue Kraft für seinen Kampf um Deutschlands Freiheit. Seine Werke, die er als Dichter und Schriftsteller geschaffen hat, gehören der Geschichte an. Durch die erlittenen Anstrengungen während seiner Untersuchungshaft anläßlich des Freiheitskampfes 1923, der einen unwürdigen Ausklang an der Feldherrenhalle fand, wurde er körperlich derart zermürbt, daß er nach seiner Haftentlassung, den Todeskeim in sich tragend, nach Berchtesgaden eilte, hoffend hier wieder Erholung und Kraft zu finden. Leider hatte es ein Schicksal anders vor und nach 2 Tagen schloß er seine Augen für immer. Wenn es ihm auch nicht vergönnt war, seine Arbeit und sein Schaffen an dem Werk der deutschen Freiheitsbewegung vollendet zu sehen, so ist doch sein Name mit der Geschichte von heute unlösbar verknüpft."

Mit dem Zusammenbruch des Dritten Reiches, der fast völligen Zerstörung Deutschlands und der halben Welt, ist auch die Zeit seiner Berühmtheit vorbei. Heute werden nur mehr wenige Menschen wissen, wer dieser Dietrich Eckart war. Aber bei einer Aufarbeitung jener Zeit kann auch an ihm nicht vorübergegangen werden. Ein kleines Kapitel der Berchtesgadener jüngsten Geschichte hat auch mit ihm zu tun. Vielleicht war es sein Glück, daß er so früh verstarb. So wurde er nicht in die späteren Verbrechen der NS Führungsclicke verstrickt.

Dietrich Eckart war der frühe Wegbereiter Adolf Hitlers. Er war in Neumarkt in der Oberpfalz geboren und etwa 20 Jahre älter als Hitler. Er war, wie es irgendwo heißt, „ein echter Bayer, der Bier, Essen und Reden liebte". Er vertrat radikal nationalistische und antidemokratische Ansichten und war auch ein fanatischer Anhänger der NS-Rassenlehre. Eckart war ein belesener, ja gebildeter Mann, als Dichter und Journalist selber tätig, wenn auch ohne nachhaltigen Erfolg. Hitler lernte Eckart 1919 in München kennen und fand an ihm, den er ob seiner Kenntnisse und seines breiten Freundes- und Bekanntenkreises bewunderte, einen willigen Helfer und Anleiter. Eckart führte den Jüngeren, Ungebildeten und Ungelenken in seinen Bekanntenkreis ein, korrigierte sein Benehmen in Gesellschaft und lieh ihm zur Fortbildung Bücher. Eckart war schon vor Hitler in die „Deutsche Arbeiterpartei" eingetreten und wurde mit der Herausgabe des „Völkischen Beobachters" betreut. Zu den neuen Bekannten Hitlers gehörte nun der Klavierfabrikant Bechstein, der in Berchtesgaden am Obersalzberg ein Landhaus besaß. Frau Bechstein setzte sich sehr für Hitler und die Partei ein und trieb im Frühjahr 1923 Geld für sie auf. Schließlich nahm Eckart Hitler auch nach Berchtesgaden mit und wohnte mit ihm im Platterhof, der früheren Pension Moritz Mayer.

Dietrich Eckart wurde nach dem mißglückten Putsch vom 9. November 1923 wie Hitler in Landsberg inhaftiert, wegen seines schlechten Gesundheitszustandes aber schon Mitte Dezember wieder auf freien Fuß gesetzt. Wohin sollte er sich wenden? In Berchtesgaden fand er im Sonnblickhäusl am Lockstein Unterkunft. Aber bereits nach wenigen Tagen erlag er seiner Krankheit (Erweiterung der Herzschlagader). Er wurde am 30. Dezember 1923 auf dem Berchtesgadener Friedhof an der Franziskaner Kirche beerdigt.

Dietrich Eckart (1868-1923) (Aus: Das Berchtesgadener Land im Wandel der Zeit, Erg. Bd I, Hgg. von Hellmut Schöner, 1982)

Über seine Beerdigung wurde berichtet: „Die Beerdigung des Schriftstellers D.E. in Berchtesgaden verlief ohne Zwischenfall. Die Regierung hatte vorsorglich von Traunstein Gendarmerie in starker Zahl nach Berchtesgaden abgeordnet. Außer dem kath. Pfarrer sprachen etwa 10 Redner, im allgemeinen nach dem Bericht des Bezirksamtes Berchtesgaden ohne übertriebene Schärfe. Ansprachen außerhalb des Friedhofs wurden nicht versucht, auch kein Demonstrationszug. Aus München waren etwa 50 Teilnehmer erschienen, ebensoviele aus Salzburg und Hallein."

Dietrich Eckart - Freilichtbühne

Es war also kein Wunder angesichts dieser engen Beziehung Eckarts zu Berchtesgaden, daß man schon 1933, unmittelbar nach der Machtergreifung Hitlers in Deutschland, in Berchtesgaden daranging, diesem Vorbereiter des Sieges der NSDAP Denkmäler zu setzen. Wie schon berichtet, erhielt die Locksteinstraße den Namen Dietrich-Eckart-Straße, und in der Strub liefen sofort die Planungen an zur Errichtung eines Freilichttheaters mit dem Namen „Dietrich-Eckart-Freilichtbühne". Hier sollten Dramen aus der Feder Eckarts, aber auch anderer „vaterländischer" Schriftsteller aufgeführt werden. Schon 1932 hatte man in Berchtesgaden den „Verein Vaterländische Freilicht-Spiele Dietrich Eckart-Bühne e.V. Berchtesgaden" gegründet. In den Satzungen dieses Vereins hieß es. „§ 2. Der Verein hat den Zweck, die Seele des Volkes für den Gedanken an Heimat und Vaterland durch Aufführung geeigneter deutscher Werke wieder zu begeistern. § 3. Jeder unbescholtene Angehörige des deutschen Volkes, der rein arischer Abkunft ist, kann die Mitgliedschaft des Vereins erwerben."

Am 15. Juli 1933 erfolgte bereits die Eröffnung der Bühne mit dem Drama „Schlageter" von Hanns Johst. Albert Leo Schlageter hatte sich im sog. „Ruhrkampf" 1923 gegen die einrückende französische Armee gestellt und war erschossen worden. Er gehörte seither zu den Märtyrern der „nationalen Bewegung". Die Aufführung am 15. Juli, die am 19. Juli wiederholt wurde, sollte, wie auch alle späteren Aufführungen, Eckarts Geist verbreiten und „seinem unvergänglichen Andenken Gestalt und Form" geben.

Diese Freilichtbühne war in der kurzen Zeit von einigen Monaten in der Strub auf die Beine gestellt worden. Die gesamte Anlage zeigte den Optimismus, mit dem man dieses Werk betrieb, aber auch die Gigantomanie bei diesen Plänen. Es waren für 1.500

Zuschauer Plätze vorhanden, zusätzlich noch einige hundert Stehplätze. Der Orchesterraum bot 40-50 Musikern Platz. Als am 15. Juli „eine festlich gestimmte Menge" zur Freilichtbühne hinaufzog, darunter natürlich viele Uniformträger im neuen Braun mit der Hakenkreuzarmbinde, war das Wetter dem Unternehmen nicht gerade hold. Ein grauer, trüber Himmel verdeckte die Bergwelt ringsum, aber „echte Kunst ist stärker als Widerwärtigkeiten des Wetters." Das Terrain dieser Freilichtbühne im Gebiet der heutigen Jugendherberge war „von Gönnern gern zur Verfügung gestellt worden. Deutsche Männer und Frauen haben sich zusammengefunden, dieses Werk zu schaffen", schrieb der Berchtesgadener Anzeiger. Die Aufführung wurde natürlich gebührend gewürdigt, selbstverständlich in dem pathetischen Ton jener Zeit: „Frei von störendem Beiwerk, frei von künstlichen Kulissen, steht es in der feierlichen Gottesnatur nur mit der Kraft des Wortes und der Darstellung wirkend. Und beides ist so gewaltig, daß eine andächtige Zuschauermenge den Atem verhält und still wie in einem Gotteshaus sich im Innersten ergreifen läßt, von dem gewaltigen, heldenhaften Geschehen, dem heißen Bekenntnis dieser Dichtung, von dem hinreißenden Schwung der Darstellung ... So wurden diese ersten Stunden in der Dietrich Eckart Bühne zu einem weihevollen nationalen Erlebnis, würdig dem großen Namen, den sie trägt."

Es war ein dichtes Programm von Aufführungen in den Sommermonaten des Jahres 1933: 15. und 19. Juli „Schlageter", 26. und 28. Juli drei Stücke von Hans Sachs („Aristoteles Komödie", „Das Narrenschneiden", „Das Kälberbrüten"); am 2., 3., 4. August, jeweils um 17 Uhr, kam „Der 18. Oktober 1813" zur Aufführung, ein Stück, das von der Völkerschlacht von Leipzig 1813 handelte und von W.E. Schäfer geschrieben war. Endlich, am 5. August waren „Die Nibelungen" an der Reihe, und später auch noch „Heinrich VI.", ein Hohenstaufen-Drama.

Man kann sich bei diesem Riesenprogramm, den enormen Ausmaßen des Theaters, den unsicheren und oft ungünstigen Wetterverhältnissen gut vorstellen, daß der Besuch nicht immer zufriedenstellend war. Auch wird man ruhig feststellen dürfen, daß sich die Bevölkerung nicht durchwegs von diesen Darbietungen angesprochen fühlte und die Kurgäste oft auch etwas anderes zu tun wußten, als diese Aufführungen zu besuchen. Kurzum, es wurde festgestellt, daß das Jahr 1933 zwar ein „großer künstlerischer, aber kein finanzieller Erfolg" war.

Auch für das Jahr 1934 hatte man sich wieder viel vorgenommen, so hatte man vor allem das Theaterstück „Peer Gynt" von Henrik Ibsen in der Nachdichtung von Dietrich

Eckart vorbereitet. Gerade auf diese Nachdichtung war Eckart besonders stolz gewesen. Voll Selbstbewußtsein, wenn nicht Überheblichkeit, stellte er fest, daß diese seine Dichtung „fast das gesamte deutsche Theater" beherrsche. Sie sei im Berliner Staatstheater bereits zum 500. Male gegeben worden. Das Stück von dem Gottsucher, Kämpfer und Philosophen Peer Gynt hatte es ihm besonders angetan - ob auch dem Berchtesgadener Publikum? Die Aufführung am Samstag, 7. Juli, hatte leider nicht den erwarteten Besucherandrang gefunden. „Dem wirklich erhebenden Kunsterlebnis dieser Stunden hätte man einen besseren Besuch gewünscht." Von führenden Vertretern der Partei und Behörden war jedoch großes Interesse entgegengebracht worden: Kreisleiter Kammerer, Ortsgruppenleiter Brehm und Rappolt, Bürgermeister Dr. Stoll, Kurdirektor Dr. Berkmann, Baron von Feilitzsch u.a. waren brav erschienen. Bei der nächsten Vorstellung am 20. Juli sollte der Besuch allerdings erheblich besser werden, denn so war es fast eine Blamage. Kreisleiter Kammerer setzte nun seine Möglichkeiten, besser gesagt seine Machtmittel, ein, befahl Ortsgruppen- und Stützpunktleiter der Partei, ebenso Propagandaleiter und Frauenschaftsleiterinnen, Bürgermeister und Vertreter des Fremdenverkehrs und der Presse zu sich wegen des schlechtes Besuchs „weil noch lange nicht das nötige Verständnis für diese Kulturstätte" vorhanden sei. Die vorgeladenen Vertreter von Partei und Institutionen mußten in der Bevölkerung durch Propaganda, Überredung und Druck für einen Besuch der Theatervorstellung sorgen. Tatsächlich konnte dann die nächste Aufführung einen sehr starken Zuspruch verzeichnen.

Für die Peer Gynt-Aufführungen hatte man die Bayerische Spielgemeinschaft unter der Leitung von Maximilian Herbst gewonnen, und auch die Musiker kamen aus München. In den natürlich glanzvollen Kritiken wurde vor allem Maximilian Herbst hervorgehoben, der schon zu Lebzeiten Dietrich Eckarts Peer Gynt im Münchner Schauspielhaus unter Dietrich Eckarts Regie gespielt hatte und im übrigen ein Freund des Autors war. „Maximilian Herbst meisterte die Titelrolle mit seiner hervorragenden Gestaltungskraft und alle Mitwirkenden wurden durch seine Darstellung zu höchster Leistung mitgerissen ..." Neben führenden Vertretern der Parteiorganisationen waren auch zahlreiche auswärtige Zeitungen vertreten.

Am 25. Juli marschierten 2.000 Chemnitzer Hitlerjungen in die Freilichtbühne ein, sie verbrachten Wochen in einem Zeltlager. Sie sahen ein Volksstück „Wazemann und Wute", das von der Berchtesgadener HJ aufgeführt wurde. Im August stand dann „Der Pfarrer von Kirchfeld" von Ludwig Anzengruber auf dem Spielplan.

Wie schwer man sich tat, dieses riesige Gelände auch nur annähernd mit Besuchern zu füllen, geht aus einem in der Zeitung groß aufgemachten „Aufruf an die Bevölkerung und die Kurgäste Berchtesgadens" hervor. „Die Dietrich Eckart-Bühne, die schönste Landschaftsbühne Deutschlands, will dem Andenken des ersten Dichters der nationalsozialistischen Bewegung dienen. Es ist eine Ehrenpflicht für Berchtesgaden und seine Bevölkerung an dem Aufbau dieser besonders bedeutsamen Bühne mitzuarbeiten. Die Unterzeichneten rufen die gesamte Bevölkerung und die Berchtesgadener Kurgäste zu eifrigem Besuch der mit ersten Bühnenkräften durchgeführten Festspiele auf. Um der Bevölkerung den Besuch der Festspiele zu erleichtern, wird für die von Mittwoch, den 2. August bis einschließlich Freitag, 4. August, stattfindenden Vorstellungen eine 50prozentige Ermäßigung auf allen Sitzplätzen gegeben." -

Berchtesgaden verfolgte noch andere Pläne zum Andenken und zur Ehrung Dietrich Eckarts. Man wollte damit auch Deutschland und der Welt zeigen, welche Rolle Berchtesgaden in der frühen NS Geschichte spielte. Man wollte den Friedhof auflassen und mit dem gerade erworbenen Hofgarten (dem heutigen Kurgarten) zusammenlegen. Das Grab Dietrich Eckarts sollte aber an seiner Stelle erhalten bleiben. Um das Grab herum war ein Eichen- und Buchenhain geplant mit einem Ausmaß von ca. 2.000-3.000 qm.

Krankenhaus in der Stanggaß, 1938 erbaut und „Dietrich Eckart Krankenhaus" benannt

Für die Nationalsozialisten bedeutete die Ruhestätte Dietrich Eckarts „eine heilige Stätte" und man erwartete, daß dieses Grabmal „eine Wallfahrtsstätte im Berchtesgadener Land werden wird." Aber damit noch nicht genug. Die Gemeinde machte den Vorschlag, das Sterbehaus Dietrich Eckarts (Sonnblickhäusl) zu erwerben, um „auch diese Stätte der Nachwelt zu erhalten und ev. dort ein Dietrich Eckart-Museum einzurichten." Beide Vorschläge wurden dem Reichsleiter Martin Bormann vorgelegt mit der Bitte, sie Hitler zu unterbreiten. Gott sei Dank wurde aus diesen Vorhaben nichts, und 1945 hatten sie sich von selbst erledigt.

Berchtesgaden hatte noch eine weitere posthume Ehrung für Dietrich Eckart vor: Das 1938 errichtete, in der Gemeinde Bischofswiesen gelegene neue Krankenhaus der NSV (Nationalsozialistische Volkswohlfahrt) wurde auf den Namen Dietrich Eckart getauft. Die NSV führte die Planung durch und stellte die Summe für Grundstückskauf (500.000 RM) und den Krankenhausbau (2 Millionen) zur Verfügung. In einer großen, auf Pergament geschriebenen Urkunde heißt es: „Im Jahre der Wiedervereinigung der Heimat des Führers und Reichskanzlers Adolf Hitler mit dem Deutschen Reiche wurde der Neubau eines Krankenhauses begonnen. Das Winterhilfswerk des Deutschen Volkes stellte die Mittel für den Bau zur Verfügung und machte das Haus der Gemeinde Berchtesgaden zum Wohle der Bevölkerung zum Geschenk. Der Bau wurde entworfen von Gustav Böttcher, Berlin, und Edgar Berge, Berchtesgaden. Berchtesgaden, den 6. Mai 1938."

Neben dem Krankenhaus wurde auch ein Schwesternschülerinnenheim erbaut. Es war ein Wunsch Hitlers, diese Bauten zu errichten. Während die NSV die Geldmittel zur Verfügung stellte, blieben die Bauarbeiten der Gemeinde Berchtesgaden überlassen. Auch die Betreuung des Krankenhauses durch NS-Schwestern erfolgte entsprechend einem Wunsch Hitlers. Die Unterhaltskosten des Krankenhauses allerdings mußte - laut Vertragsentwurf - die Gemeinde Berchtesgaden tragen.

Adolf Hitler Jugendherberge

1935 wurde das Projekt Dietrich Eckarts Bühne - das offenbar doch nicht so befriedigend lief - durch ein anderes abgelöst. Schon 1933 war der Gedanke geboren worden, in Berchtesgaden eine Jugendherberge zu errichten. Man hatte für sie die Erlaubnis Hitlers bekommen, ihr als einziger Jugendherberge in ganz Deutschland den Namen

„Adolf Hitler-Jugendherberge" zu geben. Allerdings hatte man um die Mitte des Jahres 1933 noch kein passendes Grundstück gefunden. Als Bauherr trat nicht die Gemeinde auf, sondern der „Landesverband Bayern für Jugendherbergen E.V.". Dieser Verband aber trat an die Marktgemeinde heran mit der Bitte, ein schönes Grundstück zur Verfügung zu stellen. Natürlich hatte man kein solches Grundstück zur Hand, man wies aber darauf hin, daß die Bezirkssparkasse ein solches in Schellenberg besitze, auf „welchem eine ehemalige Geflügelfarm mit einer Halle von 35 x 5 m steht ... Dieses Grundstück grenzt unmittelbar an einen Ökonomiehof an von ca. 120 Tagwerk Wiesen und Wald. Es liegt völlig isoliert und doch nur 15 Minuten von Bahn und Straße entfernt in landschaftlich herrlichster Lage am Fuße des Untersbergs". Dieser Vorschlag stammte von SS-Sturmbannführer Dr. Berkmann. Einen anderen Vorschlag brachte Berchtesgadens 1. Bürgermeister Dr. Stoll ein, wobei er betonte, daß es immer das Ziel war, eine Jugendherberge für die wandernde deutsche Jugend zu errichten, „besonders aber jetzt, seit es die Wahlheimat unseres großen Führers Adolf Hitler geworden ..." Er regte an, daß das Forstamt im Wemholz ein 1.500-1.800 qm großes Gelände im Erbbaurecht zur Verfügung stellen solle. Da aber gerade ein Wechsel in der Leitung des Forst-

Modell der 1935/36 erbauten Jugendherberge (auf dem überlassenen Grund des Frh. v. Yorry) in der Strub, die als einzige Jugendherberge in Deutschland den Namen „Adolf Hitler Jugendherberge" führen durfte

amtes anstand, gab es darüber keinen bindenden Bescheid. So blieb letzten Endes als Baugrund das Gebiet der Dietrich Eckart Bühne übrig, und man machte sich sofort an die Verwirklichung des Projekts. Der Bauplatz selbst kostete 13.300 RM, die Baukosten wurden mit 110.000 RM veranschlagt, die Gesamtaufwendungen mit 188.300 RM berechnet.

Für die Grundsteinlegung am Samstag, 20. April 1935, dem 46. Geburtstag Hitlers, war ein großes Fest geplant. (Die Schilderung dieses „Festes" zeigt auf, wie in diesen Zeiten solche Ereignisse gefeiert, vor allem auch organisiert wurden!) Besonderer Höhepunkt war die erwartete Anwesenheit des Reichsjugendführers Baldur von Schirach, der die Grundsteinlegung selbst vornehmen wollte. Die Tatsache jedoch, daß dieser großartige Akt am Samstagnachmittag vor Ostern stattfinden sollte, bereitete den Planern und Organisatoren großes Kopfzerbrechen: Man erwartete doch „eine geschlossene Teilnahme der gesamten Bevölkerung in allen ihren Ständen und Schichten." Und so erfolgte ein großer Aufruf in der örtlichen Presse, der natürlich von der NS Partei veranlaßt war: An diesem Samstag mußte alles andere zurückgestellt werden, die Arbeitgeber sollten die Samstagnachmittag-Stunden freigeben, damit eine „wahre Völkerwanderung in die Strub" veranstaltet werden konnte. Insbesondere richtete sich dieser Aufruf an die Ortsgruppen- und Stützpunktleiter der Partei (durch die alle Haushalte erreicht und kontrolliert werden konnten) und an die Führer der SA und SS. Kreisleiter Kammerer gab den Befehl heraus: „Ich ersuche Sie sofort alles notwendige zu veranlassen." Mit der Bevölkerung marschierten die Fahnenabordnungen und 2.000 Hitlerjungen und BDM Mädchen aus dem Berchtesgadener Land und aus Oberbayern und Schwaben in die Strub. Der Platz des Reichsjugendführers war vor der Tribühne der Eckart Freilichtbühne, die Ehrengäste saßen dahinter.

Das Programm des festlichen Ereignisses sah dann - in Stichworten - folgendermaßen aus: Kanonenschläge verkünden das Eintreffen des Reichsjugendführers - Treueschwur gesprochen - Fahrtenlied „Aus grauer Städte Mauern" - Gauführer Ehrlicher begrüßt die Gäste - Der Reichsjugendführer spricht - Fahnenlied der Hitlerjugend - Der Führer des Reichsverbandes für DJH verliest die Grundstein-Urkunde - Grundsteinlegung durch den Reichsjugendführer - Badenweiler Marsch, Musikzüge und Fanfarenzüge der HJ und des Jungvolks.

Der Bau der Jugendherberge sollte nicht nur der wandernden Jugend zugute kommen, sondern auch den Berchtesgadener Gemeinden als Arbeitsbeschaffungsmaßnahme dienen. So durften nur Geschäfte und Arbeiter herangezogen bzw. eingestellt werden, die „in der Gemeinde Berchtesgaden ihren Wohnsitz oder ihre ständige Niederlassung haben." Die Erdarbeiten führte eine Gruppe des Reichsarbeitsdienstes aus.

Feierliche Einweihung

Das Richtfest war am 20. Oktober 1935 begangen worden, die feierliche Einweihung fand am Sonntag, den 18. Oktober 1936 statt. Natürlich war für diesen Tag wieder ein großes Programm vorgesehen, umso mehr, als diese Feierstunde über alle Reichssender in ganz Deutschland übertragen wurde. Gleichzeitig mit der Jugendherberge in Berchtesgaden fanden in Deutschland die Einweihungen von 49 neuen Jugendherbergen, 12 weitere Grundsteinlegungen und 6 Richtfeste statt. Das alles war das Ergebnis einer perfekten Planung, die natürlich auch zum Ziel hatte dem deutschen Volk zu zeigen, welche großartigen Erfolge die neue nationalsozialistische Regierung zu verzeichnen hatte.

Die Vorbereitungen in Berchtesgaden verliefen nach dem bereits bekannten Muster: Am 17. Oktober erschien eine große, dickgedruckte Aufforderung in der Zeitung: „Fahnen heraus! In Anbetracht der Bedeutung und Einmaligkeit der Weihe der Jugendherberge, die als einzige im Reich den Namen des Führers trägt, zeigt jedes Haus und jedes Landhäuschen morgen Sonntag, den 18. Oktober 1936, die Fahnen des dritten Reiches! Keiner darf es ‚vergessen' ... Alle geht es an ..." In einer großen, zweiseitigen Reportage wurde über die Jugendherberge in der „wundervollen Parklandschaft" berichtet. Das Bauwerk wurde in seiner Harmonie zur Landschaft als „mustergültige Gemeinschaftsstätte" mit allen Erfordernissen der Hygiene und der Behaglichkeit geschildert.

Aus einem nachfolgenden Zeitungsbericht zitieren wir: „Schon vom frühen Morgen an ziehen fröhlich singende Pimpfe, die Buben und Mädchen der Hitlerjugend hinauf in die Strub. Festlich ist der Markt geschmückt ..." Die Jugendherberge selbst war mit frischem Tannengrün herausgeputzt, eine große Zahl von Gästen aus Partei, Staat und Wehrmacht war erschienen. Die Festrede hielt der Reichsjugendführer. Ein Berchtesgadener Pimpf (Angehöriger des „Jungvolks") überreichte ihm die Schlüssel mit den folgenden Worten: „An Schlüssel bring ich dir/Sperr auf damit die Tür/und laß die Guatn 'nein/koa Schlechter soll drin sein." Nach der Schlüsselübergabe schossen die Berchtesgadener Weihnachtsschützen einen dreifachen Salut. Die Feierstunde endete mit einem dreifachen Sieg-Heil auf den Führer, der Flaggenhissung und den Liedern „Vorwärts, vorwärts" und „Unsere Fahne flattert uns voran". Zum Schluß gab es ein Eintopfgericht aus der Herbergsküche.

Der „Völkische Beobachter" berichtete ausführlich und überschwänglich über diese Einweihungsfeier: „Der Himmel hatte dieses Fest mit vorbereitet. In tiefem Blau stand seine Kuppel über dem Berchtesgadener Land, der Landschaft, die ihresgleichen in Deutschland sucht, und die der Führer so liebt ..."

Hitler selbst ließ es sich nicht nehmen, „seine" Jugendherberge zu besichtigten. Am nächsten Tag, am Montag, den 20. Oktober, ließ er sich in Begleitung von Schirach, den Reichsleitern Amann und Dr. Dietrich, den beiden Architekten Zimmermann, von den Herbergseltern Schellmoser durch die neue Jugendherberge führen.

Adolf Hitler bei der Besichtigung „seiner" Jugendherberge am 20. Oktober 1936.
Rechts neben ihm Reichsjugendführer Baldur von Schirach

Neugestaltung Berchtesgadens in der Hitlerzeit

Bisher wurden von den lokalen Historikern, den historisch Interessierten, und auch von der Leser- und Bürgerschaft die 12 Jahre der Hitlerzeit in Berchtesgaden in ihren Betrachtungen weitgehend ausgespart. Die 900jährige Geschichte Berchtesgadens bietet ja soviele Forschungsaspekte und -themen! Und Hitler hatte sich ja auf dem Obersalzberg niedergelassen und dort oben seine Nebenresidenz und „Wahlheimat" gefunden. Dieses Kapitel will wenigstens auf einem Gebiet - auf dem Bausektor - zeigen, wie sehr in der Zeit der NS Herrschaft vom Obersalzberg aus nach Berchtesgaden hineinregiert wurde.

So wird man sich in Berchtesgaden von der gern geäußerten Meinung frei machen müssen, man habe im Prinzip mit Hitler auf dem Obersalzberg nichts zu schaffen gehabt. Dieser sog. „Führerbesitz" auf dem Obersalzberg wurde auch im Laufe der Jahre mehr und mehr hermetisch abgeschlossen. Die Revision dieser Meinung ist nach diesem Kapitel überfällig: Zwei Briefe von Martin Bormann, dem Herrscher am Obersalzberg, am Schluß dieses Abschnitts abgedruckt, zeigen überzeugend, wie sehr Adolf Hitler zu mindest in die Baugeschichte Berchtesgadens eingriff.

Man muß allerdings hierbei differenzieren. Gehorsame Befehlsempfänger waren natürlich die Spitzen der Behörden, die Parteigranden, die Führer der einzelnen NS Verbände - die Bevölkerung selbst, gerade in Berchtesgaden zutiefst verwurzelt in eigener Geschichte, in Volks- und Brauchtum, pflegte vielfach ein kritisches Bewußtsein gegenüber parteipolitischen Anordnungen, so. z.B. bei Massenkundgebungen und -aufmärschen, die von oben befohlen waren. So fand man eines Tages auch in München, daß es in Berchtesgaden zu wenige SA Männer gebe. In einer größeren Werbeaktion sollten die jungen Männer zum Eintritt in die SA gewonnen werden. In allen Gemeinden des Berchtesgadener Landkreises fanden sich schließlich 2 junge Burschen.

Hitlers Interesse an Berchtesgaden

In einem Brief Bormanns vom 2.1.1938 heißt es: „Der Führer nimmt an den Verhältnissen Berchtesgadens den größten Anteil und alle wesentlichen Maßnahmen im

Kreis Berchtesgaden werden ihm zur Entscheidung unterbreitet." Hitler war also nicht isoliert und in einem Elfenbeinturm auf dem Obersalzberg, im Gegenteil, er zeigte höchstes Interesse am Geschehen in seiner „Wahlheimat", wie das Berchtesgadener Land immer wieder voll Stolz genannt wurde. Größere Pläne und bedeutende Bauvorhaben in Berchtesgaden und Umgebung wurden immer nur mit Billigung und Zustimmung des „Führers und Reichskanzlers" verwirklicht und in die Tat umgesetzt, und umgekehrt entwickelte Hitler eigene Vorstellungen zur baulichen Entwicklung Berchtesgadens. Schon bei der Planung des Dietrich Eckart Gedächtnis-Hains wurde dieAbhängigkeit Berchtesgadens von dem „Willen" des Führers deutlich. Hitler, der in seiner Jugend als Architekturstudent abgewiesen worden war, zeigte immer, besonders als Reichskanzler, größtes Interesse an architektonischen Fragen. Er fühlte sich nicht nur als der „größte Feldherr", sondern auch als der große Architekt und eben als Baumeister des neuen Deutschland. (Ergebnis seiner Regierungszeit: Zerstörungen allergrößten Ausmaßes.)

Hitler hatte ganz bestimmte Vorstellungen über „die von ihm gewünschte Entwicklung Berchtesgadens" (Brief Bormanns vom 14.2.1938). Darin heißt es weiter: „Dem Führer liegt die Entwicklung des Berchtesgadener Landes sehr am Herzen; er wünscht, daß Berchtesgaden in seiner Art und seiner Größe schöner und anziehender wird als Salzburg; Berchtesgaden soll zu einem wahren Schmuckkästchen werden ..." Der Führer gab die Anordnung, daß im Berchtesgadener Land nur mehr im heimischen Stil gebaut werden solle, wodurch Berchtesgaden auf Dauer gesehen ein schöneres Gesicht erhalten werde. Besonders häßliche Gebäude sollten abgebrochen, andere „durch Verbesserung" schöner werden.

Aber nicht nur schöner sollte Berchtesgaden nach dem Willen Adolf Hitlers werden. Er sagte einmal wörtlich: „Berchtesgaden muß ganz modern und fortschrittlich werden und wird großzügig ausgebaut." So ließ er sich auch über Kursaal, Kurpark, Friedhof, die Verbreiterung der Bahnhofstraße beim Wernert Haus durch den Kreisleiter und Bürgermeister von Berchtesgaden Max Kammerer unterrichten.

Eine „große Gemeinschaftsanlage", auch „Parteiforum" und „Kreisburg" genannt, lag Hitler besonders am Herzen und sollte eine „Musteranlage" für alle kleineren deutschen Städte sein. Was gehörte alles zu dieser geplanten Anlage: eine große Versammlungshalle mit Aufmarschplatz und großer Sportarena, ein offenes und gedecktes Schwimmbad, eine Kreisschule und ein HJ-Heim mit Haus der Kreisleitung und

Schloß Lustheim (heute dort die Aussegnungshalle des Bergfriedhofs).
Von den NS Machthabern gekauft und abgebrochen. Hier sollte das große Parteiforum entstehen

Festsaal im ehemaligen Schloß Lustheim

hohem Glockenturm. In der Nähe dieser Anlage war an die Errichtung eines KdF (Kraft durch Freude) Hotels für bis zu 1.000 Gäste gedacht. Das alles sollte auf dem weiten Gelände des heutigen Bergfriedhofs entstehen. Zur Vorbereitung dieser Bauvorhaben wurde das Schlößchen Lustheim abgebrochen - ein nicht mehr gutzumachender Verlust für Berchtesgaden. Gegenüber dem Bahnhof sollte, gewissermaßen als feierliches „Entree", ein großer Triumphbogen gebaut werden. Der baldige Ausbruch des zweiten Weltkriegs und der totale Zusammenbruch Deutschlands verhinderten die Verwirklichung dieser „Gemeinschaftsanlage" - was wir sicher verschmerzen können. Man hatte für dieses Parteiforum schon 1,5 Millionen bereitgestellt und Pläne und Modelle gefertigt und war schon im voraus „stolz auf die erste ‚Kreisburg' im Großdeutschen Reich in unserer schönen Heimat."

Adolf Hitler in Berchtesgaden

Gerade in dieser Zeit (1938/39) zeigte Hitler sein besonderes Interesse an Berchtesgaden und schien gewillt zu sein, Berchtesgaden ein ganz neues Gesicht zu geben. Es wurde eine „Bauleitung für die Gesamtbauten Berchtesgadens" neu eingerichtet und die Regierungsbauräte Gsänger und Berge nicht nur mit der Gesamtleitung beauftragt, sondern auch angewiesen, diese Bauleitung ständig besetzt zu halten, „damit bei Rückfragen vom Obersalzberg die Herren jederzeit zur Verfügung stehen."

In dem schon erwähnte Brief Bormanns geht es weiter um die Bebauung des Berchtesgadener Landes, wobei immer wieder der Wunsch des Führers betont wird. „Wesentlich ist ... daß das Berchtesgadener Land keinesfalls dichter als dies bereits der Fall ist, besiedelt und bebaut wird: das Berchtesgadener Land soll nicht <u>mehr</u>, sondern <u>schönere</u> Häuser bekommen; würde es noch dichter besiedelt als bisher, so würde seine Schönheit, die heute schon in Gefahr ist, gänzlich verschwinden. Der Führer wünscht, daß Berchtesgaden keinesfalls den Charakter von Reichenhall oder gar Garmisch bekommt, sondern er wünscht vielmehr, daß das Berchtesgadener Land einen ausgesprochen ländlichen Charakter behält ..." Es wäre „kurzsichtig", wegen des starken Andrangs der Fremden und der daraus sich ergebenden Verdienstmöglichkeiten eine dichtere Besiedlung zuzulassen. Über diese Vorstellungen Hitlers, die Richtiges und Falsches beinhalten, kann sich jeder seine eigenen Gedanken machen. Klar aber ist, daß der „Wunsch" Hitlers für die Lokalpolitiker, die ja allesamt Parteimitglieder oder -anhänger waren, einem Befehl gleichkam. So wundert es nicht, daß dieser Brief, der an das Staatsministerium des Inneren in München gerichtet war, mit dem Satz endet: „Ich bitte Sie, Ihre Dienststellen mit den notwendigen Weisungen zu versehen."

Im Zusammenhang mit diesem Brief Bormanns vom 14.2.1938 kam es allerdings zwischen der Marktgemeinde und Bormann zu Meinungsverschiedenheiten und einem neuen, diesmal geharnischten Brief Bormanns. Zu dieser Zeit war Kreisleiter und Bürgermeister Kammerer bei einer militärischen Übung. So führte während dieser Zeit der zweite Bürgermeister Sandrock die Gemeindegeschäfte. In einem Brief an Bormann stellte er dankbar fest, „daß der Führer sich um die Entwicklung Berchtesgadens besonders annimmt." Dann aber fügt Sandrock an, daß Berchtesgaden unter einer großen Wohnungsnot leide, und daß sich allein der Bedarf an „Kleinsiedlungen" in den nächsten Jahren „Zwischen 100-120 bewegen" dürfte. Dazu errechnete das Bezirksamt für den

Reichsleiter der NSDAP Martin Bormann

Kreis einen Wohnungsbedarf von rund 100 Wohnungen. Soviele neue Häuser - das war natürlich ganz gegen die Vorstellungen Hitlers und seines Handlangers Bormann.

Hatte man in Berchtesgaden von dem Schreiben Bormanns keine Kenntnis genommen? Kein Wunder, daß nun die unwillige Erwiderung Bormanns auf dem Fuß folgte. Am 3. März schon schrieb er an den zweiten Bürgermeister Sandrock: „Beim Lesen Ihres Schreibens kam ich zu der Auffassung, daß die Marktgemeinde Berchtesgaden statt die Bauwünsche abzudrosseln, eine möglichst starke Bautätigkeit unterstützt ... Falls die dortigen Pläne aufrecht erhalten bleiben, wird es notwendig sein, daß Bauten im Berchtesgadener Land nur mehr im Ausnahmefall und nur bei Vorliegen zwingender Gründe durch die Bauleitung des Staatsministeriums des Innern genehmigt werden, daß aber im übrigen für das Berchtesgadener Land ein gänzliches Bauverbot erlassen wird."

Offenbar konnte sich in diesem Fall der sonst allmächtige Bormann doch nicht vollständig durchsetzen. Reichsminister Dr. Lammers teilte am 9. März mit, daß er im Auftrag Hitlers für die beabsichtigte Errichtung von etwa 80 Kleinsiedlungen mit Rücksicht auf die geschilderten besonderen Verhältnisse ausnahmsweise einen einmaligen, nicht rückzahlbaren Zuschuß von 40.000 RM zur Verfügung stelle.

Im Zuge der baulichen Gestaltung Berchtesgadens drängte sich die Frage der Zugehörigkeit von Ortsteilen verschiedener Gemeinden zu Berchtesgaden auf. Max Kammerer, der Kreisleiter der NSDAP und zugleich erster Bürgermeister von Berchtesgaden war, besprach mit Hitler die Notwendigkeit der Eingemeindung des Kasernengebäudes in der Strub nach Berchtesgaden. „Auch andere Teile anderer Gemeinden" sollten eingemeindet werden. Hitler war sogar damit einverstanden, daß „die Marktgemeinde Berchtesgaden die Orte Bischofswiesen und Schönau eingemeindet." Die Gemeinde Salzberg nahm Hitler bei diesen Eingemeindeplänen ausdrücklich aus.Wie wir wissen, blieb es in dieser Frage offenbar bei Gedankenspielen - beide Gemeinden blieben selbständig und ohne Gebietsabtretungen. Schönau vergrößerte sich später sogar durch Zusammenschluß mit der Gemeinde Königssee

Plan- und Modellausstellung

Von dem riesigen Ausmaß der Bauaktivitäten, den bereits fertigen, im Bau befindlichen und noch geplanten, gab eine „Plan- und Modellausstellung" eine Vorstellung. Die Ausstellung fand im August 1939 in vier Schulsälen statt und fand großes Interesse in der Bevölkerung. Bei der Eröffnung war viel Prominenz anwesend, so u.a. der Chef der Reichskanzlei Reichsminister Dr. Lammer, der Staatssekretär a.D. des Bayer. Innenminium, die Bürgermeister aus Salzburg und Bad Reichenhall, Amtsvorstände, führende Männer aus Partei, Wehrmacht, Staat und Gemeinden. In seiner Rede ging Kammerer auf Sinn und Bedeutung der Ausstellung ein. Es sollte damit der breiten Öffentlichkeit zum ersten Male ein Überblick geboten werden über die „vom Führer gewünschte und so sehr geförderte bauliche Neugestaltung Berchtesgadens." Nach dem Willen Hitlers solle Berchtesgaden „ein Schmuckkästchen im Großdeutschen Reich" werden. „In der Wahlheimat unseres Führers schaffen unermüdlich, in des Wortes wahrster Bedeutung Tag und Nacht Architekten und Ingenieure, Hoch- und Tiefbauer, Techniker, Baumeister und Tausende deutscher Arbeiter ..." an diesem einmaligen und einzigartigen Werk.

Was gab es da alles zu sehen? Ein großes maßstabsgerechtes Relief und ein großer Ortsplan führten die Gäste hinein ins Berchtesgadener Land und in den Markt. Dabei wurden die baulichen Veränderungen im Ortsbereich aufgezeigt, was an Hand von Modellen, Zeichnungen, Ansichtsskizzen und Groß-Lichtbildern geschah. Mit diesen Hilfsmitteln wurden dargestellt: Der Bahntunnel, die Metzgergasse, das Faeshaus, die Molkerei Sturm, das Wernerteck, dazu die Roßfeldstraße, die Alpenstraße, die Bergwerkstraße und die Straße Berchtesgaden - Salzburg.

Der zweite Saal zeigte bildliche Darstellungen der neuen Reichsbahnwohnungen in Mitterbach, die neuen Bahnhofs- und Postamtsgebäude, aus der Mitte des Marktes den Neubau der Markt-Sparkasse, die im Modell aufgebaut war. Ein besonders großes Projekt, eine wirklich weitläufige Anlage, die BDM (Bund Deutscher Mädchen) Reichssport-Schule (daraus die heutige Insula) wurde im Modell vorgestellt, ebenso die Adolf Hitler Jugendherberge und die Jägerkaserne in der Strub.

Der dritte Saal zeigte, wieder an Hand von Modellen und Plänen, den Bauhof, die Zentralschule am Kugelfeld (?), den Sportplatz Breitwiese, die Siedlung Artenreit und die geplante Schweinemastanstalt des NSV-Ernährungshilfswerks in Untertann. Der vierte und letzte Saal beschäftigte sich mit dem NSV-Krankenhaus und der benachbarten Schwesternschule, gezeigt in einem riesigen Modell, mit den Dienst- und Wohngebäuden des RSD (Reichssicherheitsdienst) und der Gendarmerie und mit der bereits in Betrieb genommenen Straßenmeisterei.

Lassen Sie uns noch einige wenige Bauvorhaben etwas näher betrachten, denn sie zeigen nicht nur den gelegentlich maßlosen Bauwillen der NS-Partei, sie stehen eigentlich im konträren Widerspruch zu dem von Hitler gewünschten Siedlungsstopp im Berchtesgadener Land. Gerade die ebenen Geländeflächen in der Strub und in Bischofswiesen boten sich solchen Projekten an, Projekten, die über jedes lokale Bedürfnis hinausgingen und nur im Reichsmaßstab zu sehen sind. Damit wird aber auch deutlich, welches Geltungsbedürfnis man in der „Wahlheimat" Hitlers inzwischen an den Tag legte. Berchtesgaden sollte nicht nur ein Schmuckkästchen sein, sondern Zentralort für Partei und Staat. Das allerdings war eine Zielsetzung, die Berchtesgaden als Zielort des freien Wandertourismus und als naturgegebene Erholungslandschaft völlig ummodelte. Das Naturparadies Berchtesgaden sollte der Rahmen für eine Kaderschmiede der NSDAP sein.

Plan- und Modellausstellung 1939 in Berchtesgaden: Modell der Reichssportschule des BdM (Bund deutscher Mädchen). Daraus entstand nach dem Krieg das Sozialzentrum „Insula"

Bestes Beispiel dafür war die bereits seit Mai 1938 im Bau befindliche Reichssportschule des BDM. Waren es 1938 noch umfangreiche Erdbewegung, so waren im Frühjahr 1939 bereits die Hochbauten in Angriff genommen. Es war für diese BDM-Schule ein Gelände im Gesamtausmaß von rund 200.000 qm erforderlich, die Bauten umfaßten 92.000 Kubikmeter. Die „Schule" entstand auf dem Gelände der früheren Besitzer Langmeier, Graßl, Hölzl, Schmuck und Pfnür. Hier, wie nebenan auf dem Kasernengelände, mußten viele Familien ihren Besitz verkaufen. 7 große Einzelgebäude gruppierten sich um das in der Mitte gelegene große Sportfeld. Von der Umgehungsstraße führte eine eigene Zufahrtstraße zum langgestreckten Eingangs- und Torbau, in dem neben Personalräumen und Gästezimmern der Wirtschaftstrakt (mit Tagesräumen, Küchenanlagen u.ä.) und Unterrichtsräume untergebracht waren. An der Westseite reihten sich drei Häuser mit Turnhalle, Tanz- und Gymnastikhalle und Hallenschwimmbad auf, die untereinander mit niederen Verbindungsbauten zusammengeschlossen wurden, in denen Massage- und Behandlungsräume und Liegehallen eingerichtet waren. Die Schwimmhalle sollte ein Wasserbecken in der Größe von 50 x 15 m erhalten mit Wettkampfbahnen, die Tanzhalle war gleichzeitig als repräsentativer Raum für festliche Vorführungen ausgestattet worden. Am Nordende des Sportfeldes war ein großes Freibad eingeplant. Auf der Ostseite entstanden - entsprechend den drei Hauskomplexen auf der Westseite, die Wohn- und Arbeitsgebäude der Mädchen. An alles war gedacht, um eine Ausbildungsstätte für den „neuzeitlichen Frauensport" zu schaffen. Außerhalb der geschlossenen Anlage sollten noch Tennisplätze und eine Freilichtbühne entstehen. - Hier fällt eine kritische Beurteilung schwer, wurde diese Anlage doch Grundlage für die heutige großartige Sozialstation „Insula".

Insula: Alten- und Pflegeheim, Berufliche Schulen, Kindergarten (Postkarte, Ausschnitt)

Modell des Neubaus der Kreissparkasse (Plan- und Modellausstellung 1939)

Berchtesgaden glich in den Jahren vor Kriegsausbruch einer riesigen Baustelle. Es gab im damaligen
Berchtesgadener Land 20 solcher „Gemeinschaftslager". Foto: Gemeinschaftslager Dürreck Zaunerbrücke

Eine interessante Baumaßnahme in der Mitte des Marktes Berchtesgaden war der Neubau der Kreis-Sparkasse am Beginn der Ludwig-Ganghofer-Straße. Hier war das alte Heigl-Haus abgebrochen und das Gelände zwischen dem Gasthaus „Bier-Adam" und dem „Kurz-Gober" Haus abgetragen worden. In diese Lücke wurde ein dreigiebeliger Bau hineingestellt, wobei gleichzeitig die Enge des „Kasererecks" verbreitert wurde, d.h. die Front des an Stelle des Heiglhauses errichteten Gebäudes wurde um zwei Meter zurückgenommen und für den Fußgängerverkehr ein breiter Durchgang geschaffen. Das ganze Erdgeschoß war für den Sparkassenbetrieb bestimmt. Hier waren eine 65 qm große Schalterhalle, die Kreditabteilung und die Verwaltungsregistratur mit anderen wichtigen Einrichtungen untergebracht. Von der Straße aus führte eine Durchfahrt in den gepflasterten Hof mit Garagen.

Die Plan- und Modellschau war bis zum 7. September 1939 geöffnet - am 1. September begann mit dem Einmarsch der deutschen Truppen in Polen der zweite Weltkrieg, der bis 1945 dauern sollte und mit der Zerstörung und vollständigen Besetzung Deutschlands durch die Siegermächte endete. Manche der großmundig vorgestellten und übertrieben ausgedachten Pläne blieben unausgeführt - der Existenzkampf Deutschlands setzte andere Prioritäten.

Abschrift

Verwaltung Obersalzberg   Obersalzberg, den 2.1.1938
Reichsleiter Bormann   Haus „Hoher Göll"
Fernruf Berchtesgaden 2530

Herrn Reichsleiter Dr. Ley
Berlin W 57, Potsdamer Straße 75

Sehr verehrter Parteigenosse Dr. Ley!

Der Ort Berchtesgaden gehört zu den besuchtesten im ganzen Reich und es ist verständlich, daß der Obersalzberg und damit auch Berchtesgaden in aller Zukunft die Wallfahrtsorte des Deutschen Volkes sein und bleiben werden. Dieser Tatsache trage ich meinen hiesigen Arbeiten in vollem Umfange Rechnung und es ist selbstverständlich, daß auch die ganzen Berchtesgadener Verhältnisse auf diese Entwicklung abgestellt sein müssen.

Der Führer selbst nimmt an den Berchtesgadener Verhältnissen den größten Anteil und alle wesentlichen Maßnahmen im Kreise Berchtesgaden werden ihm zur Entscheidung unterbreitet.

Der Führer hat bereits seit längerer Zeit bestimmt, daß Berchtesgaden eine große Versammlungshalle, ein neues Krankenhaus - das jetzige ist völlig veraltet und viel zu klein - eine weitere Jugendherberge, ein Kreisleitungshaus und eine große Sportanlage mit Hallenbad und offenem Schwimmbad erhalten soll.

Zu den Sportanlagen und den Bädern sollen ferner Liegewiesn usw. gehören. Der Führer wünscht nun, daß im Anschluß an diese Anlagen ein großes KdF-Hotel, für das in Berchtesgaden ja wirklich Bedarf besteht, gebaut werde; der Führer dachte an ein Hotel für 500-1.000 Personen.

Die ersten Entwürfe für die Gesamtanlage wurden dem Führer heute von dem damit beauftragten Kreisleiter Kammerer vorgelegt. Der Wahl des Bauplatzes und dem Gesamtbebauungsplan hat der Führer seine Zustimmung gegeben; er gab ferner Auftrag, die Verbindung mit Ihnen wegen des Baues des KdF-Hotels aufzunehmen. Da die

Gäste des KdF-Hotels in großem Umfange Benützer der Bäder, des Sportplatzes, der Liegewiesen, der Turnhalle usw. sein werden, hält der Führer größere finanzielle Zuschüsse der NS-Gemeinschaft „Kraft durch Freude" auch bei dem Grunderwerb, für den Bau der Sportanlagen und der Bäder für geboten. Der Führer wünscht, daß die Berchtesgadener Anlage die Musteranlage für alle deutschen Städte wird.

Ich wäre Ihnen sehr dankbar, wenn sie baldigst direkt oder durch Ihren Beauftragten Verbindung mit Herrn Kreisleiter Kammerer aufnehmen würden.

Heil Hitler!

Ihr sehr ergebener

gez. Bormann

Abschrift

Verwaltung Obersalzberg	Obersalzberg, den 14.2.1938
Reichsleiter Bormann	Haus „Hoher Göll"
	Bo/Ka

Herrrn
Ministerialrat Gablonsky
Staatsministerium des Innern
     Muenchen
     Theatinerstr.

Betrifft: Berchtesgaden

Sehr geehrter Herr Ministerialrat Gablonsky!

Der Führer sprach heute mit mir über die von ihm gewünschte Entwicklung Berchtesgadens, auf die ich schon vor einigen Tagen hinwies.

Dem Führer liegt die Entwicklung des Berchtesgadener Landes sehr am Herzen; er wünscht, daß Berchtesgaden in seiner Art und seiner Größe schöner und anziehender wird als Salzburg; Berchtesgaden soll zu einem wahren Schmuckkästchen werden.

Schon durch die vom Führer gewünschte Anordnung, nach welcher im Berchtesgadener Land nur mehr im heimischen Stil gebaut werden soll, wird - auf die Dauer gesehen - Berchtesgaden ein schöneres Gesicht bekommen als dies heute der Fall ist. Durch den Abbruch besonders häßlicher Gebäude und durch die Verbesserung vieler bestehender wird Weiteres zu erreichen sein.

Zu dem Bau eines neuen Krankenhauses mit etwa 200 Betten wird der Führer selbst die notwendigen Mittel beschaffen. Möglichst bald soll mit dem Bau einer großen Gemeinschaftsanlage begonnen werden: Große Versammlungshalle mit Aufmarschplatz und großer Sportarena, mit offenem und gedecktem Schwimmbad, mit Kreisschule und HJ-Heim, mit Haus der Kreisleitung und einem hohen Glockenturm. In der Nähe dieser Gemeinschaftsanlage soll ein KdF-Hotel für etwa 1.000 Personen gebaut werden. Diese Gesamtanlage soll Musteranlage für alle kleineren deutschen Städte sein.

Wesentlich ist aber, wie schon verschiedentlich betont wurde, daß das Berchtesgadener Land keinesfalls dichter als dies bereits der Fall ist, besiedelt und bebaut wird; das Berchtesgadener Land soll nicht mehr, sondern schönere Häuser bekommen; würde es noch dichter besiedelt als bisher, so würde seine Schönheit, die heute schon sehr in Gefahr ist, gänzlich verschwinden. Der Führer wünscht, daß Berchtesgaden keinesfalls den Charakter von Reichenhall oder gar von Garmisch bekommt, sondern er wünscht vielmehr, daß das Berchtesgadener Land einen ausgesprochen ländlichen Charakter behält. Des gegenwärtig starken Andranges der Fremden wegen ist das Bedürfnis natürlich wegen der weitgehenden Verdienstmöglichkeiten sehr groß; es wäre indes ganz kurzsichtig, wenn diesen augenblicklichen Verhältnissen Rechnung getragen würde. Keinesfalls soll das Berchtesgadener Land also dichter besiedelt werden als bisher.

Dagegen hat der Führer keine Einwände, daß die Marktgemeinde Berchtesgaden die Orte Bischofswiesen und Schönau eingemeindet.

Ich bitte Sie, Ihre Dienststellen mit den notwendigen Weisungen zu versehen,

Heil Hitler!

gez. Bormann

Die Zeit der Entnazifizierung
Allgemeines

Die sogenannte „Stunde Null" begann in Berchtesgaden mit dem Einmarsch der Amerikaner (4.5.1945), der Übergabe des Landkreises und dem Verschwinden der Nazigrößen. Die ersten Tage und Wochen verliefen für die Bevölkerung in vieler Hinsicht wahrhaft chaotisch, wenngleich manche Verwaltungsstrukturen weiterbestanden und -arbeiteten, wenn auch meist mit neuem Personal. Erster Bürgermeister Berchtesgadens - allerdings nur für kurze Zeit - war Rechtsanwalt Dr. Kollmann; Landrat Theodor Jacob wurde von den Amerikanern zunächst bestätigt. Die Bevölkerung mußte mit ihren Alltagssorgen zurecht kommen, die sich mehr oder weniger wie in der Kriegszeit um das Überleben drehten: um ein Dach über dem Kopf (das Wichtigste für die zahllosen Flüchtlinge, Evakuierten und Ausgewiesenen), um Heizmaterial im Winter, um Kleidung, Lebensmittel, Arbeit und Verdienst und um Vieles, Vieles mehr - man kann sich das heute gar nicht mehr vorstellen, wie diese Sorgen, oft gebündelt, dazu die Sorgen um Angehörige in der Gefangenschaft oder irgendwo in der Welt, das Leben der Überlebenden Tag und Nacht bestimmten. Und das alles unter der Macht der Militärregierung, deren wichtigstes Anliegen die politische Säuberung (Denacification) und die Einführung der Demokratie (Reeducation) war. Die politische Säuberung hat für viele, viele Menschen monate-, ja jahrelang lebenswichtige Bedeutung besessen, sie hat Schicksale bestimmt.

Die Entnazifizierung setzte zunächst recht rigoros und rücksichtslos ein. Alle irgendwie prominenten Parteigenossen oder Funktionäre, vor allem die in der öffentlichen Verwaltung und im höheren Dienst Beschäftigten, wurden entlassen, sogar verhaftet und in Internierungslager (Dachau, Moosburg) verbracht. Diese Verhaftungswelle wurde dann auch auf leitende Personen in der Wirtschaft ausgedehnt. Oft wurden diese Wirtschaftsführer ihrer leitenden Position enthoben und in untergeordneten Stellungen mit einfachen Arbeiten beschäftigt.

Im März 1946 trat das „Gesetz zur Befreiung von Nationalsozialismus und Militarismus" in Kraft. Jeder Deutsche über 18 Jahre mußte einen mehrseitigen Fragebogen ausfüllen, in dem in 131 Fragen und oft sehr ausführlich Auskünfte über Beruf, Tätigkeiten, Mitgliedschaften in Partei und deren Organisationen, über Verdienst, Vermögen, über Eltern und Großeltern usw. gegeben werden mußten. Das war eine wahre Anleitung und Aufforderung zur Denunziation, denn Unwahrheiten oder Unterschlagen und Verschweigen irgendwelcher Tatsachen wurden schwer bestraft. Durch diese Meldebogenaktion wurden den Meldebehörden alle irgendwie mit der NS-Partei Verstrickten bekannt. Auf Grund dieser Ergebnisse wurden die Deutschen in fünf Kategorien eingeteilt: 1. Hauptschuldige, 2. Belastete (Aktivisten, Militaristen, Nutznießer), 3. Minderbelastete (die sog. Bewährungsgruppe), 4. Mitläufer, 5. Entlastete. Wer den Meldebogen ausgefüllt und abgegeben hatte, erhielt eine Quittung, und nur mit dieser Quittung erhielt der Betreffende die Lebensmittelkarten. - Ein wohldurchdachtes, ausgeklügeltes System, dem niemand entrinnen konnte.

Mit der Durchführung der Entnazifizierung wurden eigens eingerichtete „Spruchkammern" betraut. Diese Spruchkammern, eigentlich Sondergerichte, waren mit Laien besetzt, mit Personen, die vielfach Gegner der Nationalsozialisten, zum mindesten keine Parteimitglieder waren. Eine neutrale, unabhängige, unparteiische Urteilsfindung war dadurch nicht immer gegeben. Ungerechte Urteile waren so durchaus möglich. Kurz, die Spruchkammern „waren personell und fachlich ihrer Aufgabe größtenteils nicht gewachsen." (Spindler, Bayerische Geschichte S. 589). Nach vielfachem Urteil der Geschichtsschreibung waren die Spruchkammern - als Versuch, die nationalsozialistische Vergangenenheit Deutschlands zu bewältigen - „ein kläglicher Mißerfolg".

In Berchtesgaden

In Berchtesgaden nahm die Spruchkammer am 11. August 1946 ihre Arbeit auf. Ihre Zusammensetzung ist durch Bekanntmachung im Südost-Kurier vom 7.8.1946 der Bevölkerung mitgeteilt worden: Vorsitzender Mitglied der KPD und Kreisrat Anton Koller, Öffentlicher Ankläger Dr. Manfred Frey (aus dem Baltikum stammend), Geschäftsstellenleiter Bruno Krause. Als Mitglieder der Spruchkammer wurden genannt von der CSU: Dr. Stefan Imhof, Alois Fuchs, Leonhard Pflug, Albert Landenberger, Josef Schmid, Josef Hallinger, Richard Rapold, Josef Bermaier; von der SPD: Ferdinand Schmitt, Andreas Graeter, Karl Loesch, Hans Stangassinger, Sebastian Stolz, Franz Buchleitner, Josef Hasenknopf, Franz Gugg; von der KPD: Johann Hinterseer, Stefan Schaumann, Hans Valentiner, Anton Koller, Fritz Beer, Franz Malterer, Felix Marcinkowski.

Der Sitzungssaal für die Verhandlungen war in der Kurdirektion in der Königsseer Straße, zum Teil auch im Amtsgericht. Die Spruchkammer hatte eine riesige, kaum zu bewältigende Aufgabe vor sich. Es waren im ganzen an die 4.000 Meldebögen abgegeben worden. Insgesamt wurden 2.048 Fälle verhandelt, z.T. mündlich, in der Mehrzahl schriftlich. Anwesend dabei waren der Kammervorsitzende, die Beisitzer, der Ankläger, eventuell der Verteidiger, Zeugen, und natürlich der Angeklagte. Bei den schriftlichen Verfahren wurden an einem Tag mehrere Fälle (8, ja 12) behandelt und abgeurteilt, mündliche Verfahren beanspruchten mehr Zeit, so daß meist nur 2 oder 3 Fälle zur öffentlichen Verhandlung angesetzt wurden. In diesen Fällen mußte die Gemeinde die Ankündigung der Verfahren am Aushang bekannt machen, damit sich Zeugen - Belastungs- wie Entlastungszeugen - melden konnten. Der Angeklagte suchte schriftliches Entlastungsmaterial - Bescheinigungen über seine Unschuld - vorzulegen, die im Volksmund als „Persilscheine" mit leicht ironischem Akzent bezeichnet wurden. Eine besonders unangenehme Aufgabe hatten die Beisitzer, die von den Parteien abgestellt waren, da sie vielfach von der Bevölkerung, vor allem von den von der Entnazifizierung Betroffenen, angefeindet wurden. Die Beisitzer der SPD traten einmal vorübergehend geschlossen wegen Anfeindung und Bedrohung zurück. Der öffentliche Ankläger Eduard J. wurde seines Amtes enthoben, weil er es unter falschen Angaben erhalten hatte.

Neben der örtlichen Spruchkammer in Berchtesgaden gab es eine Hauptspruchkammer in München, an die gelegentlich Fälle überwiesen wurden, vor allem nach der Schließung der Kammer in Berchtesgaden im November 1948. Eine Berufungskammer befand sich in Traunstein, gelegentlich wurden auch Verfahren vor einer Lagerspruchkammer durchgeführt. So wurde der Fall des früheren Leiters des Gymnasiums Berchtesgaden H.L. vor der Lagerspruchkammer Dachau verhandelt. Interessant ist es, daß auch bereits Tote durch die Spruchkammer mußten. Der frühere Kreisleiter und Bürgermeister von Berchtesgaden, Max Kammerer, von Beruf Lehrer, geb. 1905, gefallen im Osten am 7.10.1941, wurde am 31.1.1949 vor der Berufungskammer Traunstein verhandelt. Auch Göring und Bormann wurden so „entnazifiziert". Grundlage für die Verhandlung Verstorbener war der Art. 37 des Befreiungsgesetzes, der die Entnazifizierung toter Beamter betraf. Das war wichtig vor allem wegen ev. finanzieller Folgen für die Hinterbliebenen. Es gab eine Reihe von Dienststellen, die bei der Entnazifizierung eine Rolle spielten, so die Geschäftsstelle des deutschen Sicherheits- und

Überprüfungsausschusses für Oberbayern in München. Diese Dienststelle forderte den Berchtesgadener Gemeinderat wiederholt zu Stellungnahmen auf, so bei der Haftüberprüfung einer ehemaligen BDM Führerin. Der Beschluß des Gemeinderats: „Das Entlassungsgesuch von Frl. ... wird befürwortet."

Die Durchführung und das Ergebnis der Entnazifizierung war für die davon Betroffenen ausschlaggebend für Berufsausübung, Anstellung, Geschäftsführung, und somit für Verdienst und Lebensführung überhaupt, was natürlich auch die ganze Familie betraf. In Stellungnahmen des Gemeinderats aus dieser Zeit heißt es immer wieder: Das Gesuch „wird bis zur Entnazifizierung zurückgestellt." Oder auch: Das Gesuch um Geschäftszulassung wird „solange zurückgestellt, bis die Entnazifizierung der Geschäfte und Handwerksbetriebe in Berchtesgaden abgeschlossen ist." Es heißt aber auch: Das Gesuch um die Errichtung einer Heimwerkstätte wird abgelehnt, „da es sich bei Herrn ... um einen Naziaktivisten handelt." Es wurde auch der folgende Beschluß gefaßt: „Nachdem Herr ... bisher eine Bescheinigung über seine Entnazifiierung nicht vorgelegt hat, wird das Landratsamt ersucht, das Geschäft des Herrn ... zu schließen."

Bis zum 10. Januar 1948, also in 1 1/2 Jahren, hatte die Spruchkammer Berchtesgaden folgende Urteile gefällt: Es gab 1 Hauptschuldigen, 46 Belastete, 269 Minderbelastete, 743 Mitläufer, 36 Entlastete. Dazu kamen 36 Jugendamnestien, 621 Weihnachtsamnestien und 36 Einstellungen des Verfahrens (Kromas S. 1055 in Gesch. v. Berchtesgaden Bd. III/2). In einer Liste über NS Funktionäre werden zwei Ortsgruppenleiter und zwei Zellenleiter aufgeführt, in einer anderen Liste werden 34 Blockleiter genannt. Bei der Urteilsstatistik spielt natürlich eine Rolle die Tatsache, daß auch Bewohner des Obersalzberges, wie Frau Sauckel und Frau Todt, von der Spruchkammer Berchtesgaden abgehandelt wurden. Im November 1948 wurde die Spruchkammer Berchtesgaden aufgelöst, noch nicht erledigte Fälle kamen nach München. Wegen der gesamten politischen Entwicklung hatten auch die Amerikaner das Interesse daran verloren. Der Gegensatz zum kommunistischen Osten, der „Kalte Krieg" und die Einbindung Westdeutschlands in den Westen wurden nun vorrangige Probleme und Ziele.

In der Literatur, auch der ernsthaften historischen Forschung, finden sich recht unvorteilhafte und wenig schmeichelhafte Urteile über die Entnazifizierung und die Spruchkammerpraxis. Es wird von Besatzungswillkür, von Skepsis über Sinn und Erfolg, Absurdität des Verfahrens, von wirkungslosem Instrument zur politischen Befreiung gesprochen. Unser Eindruck abschließend ist, daß die Spruchkammern zwar eine kaum zu bewältigende, äußerst undankbare Aufgabe zu erledigen hatten, daß ihre Arbeit aber eher eine Solidarisierung der Betroffenen und der Bevölkerung bewirkte und manche unschöne Nebenwirkung zeigte. Es war nicht das größte Ruhmesblatt der Amerikaner. Eine Massenkriminalisierung der Besiegten war kein gutes Rezept.

Einzelne Fallbeispiele

An einigen konkreten Beispielen soll nun noch die Zeit unmittelbar nach 1945 lebendig und faßbar gemacht werden. Dabei gibt es auch eine Menge Hinweise auf die Situation der Bevölkerung in der NS-Zeit. Die einzelnen Beispiele werden ohne Kommentar beschrieben, der Leser kann sich seine eigenen Gedanken machen. Manch Typisches für jene Zeit ergibt sich dabei. Wenn auch die angeführten Beispiele nicht absolut repräsentativ sein mögen, so sind es doch aktenmäßig verbürgte Vorgänge.

Die Zeit nach 1945 war nicht nur eine Zeit einer zu Recht erfolgten Ahndung von Vergehen und Verbrechen, sondern manchmal auch von Vergeltung und Denunziation. So ging beim Gemeinderat ein Schreiben ein, in dem ein Mann, der bei Kerschbaumer Hausmeister und gleichzeitig irgendwo Dienstmann war, also zwei Arbeitsplätze und damit zwei Verdienstquellen hatte, angezeigt wurde. „Er war Parteimitglied bei der NSKK (Nationalsozialistisches Kraftfahrer Korps) Formation, ein feiger Angeber und brüstet sich zur Zeit noch in den Lokalen, was er heute noch auf Naziart vollbringt ... Vielleicht haben die Herren (des Gemeinderats) schon vergessen, was diese Verbrecher alles auf dem Gewissen haben." Der Briefschreiber nannte noch drei weitere Personen: „Und so meinen diese, ihr Nazibenehmen beibehalten zu können, wenn hier nicht eingeschritten wird." Der Gemeinderat beschloß in seiner Sitzung vom 14.1.1946 die Beschwerde „als unbegründet" zu betrachten.

Beim Gemeinderat ging im Dezember vor Weihnachten 1945 ein anderes Schreiben ähnlichen Inhalts ein: „Betreff Entnazifizierung: Mit der Absicht einen Volksschädling des nationalsozialistischen Regime der Vergeltung preiszugeben, melde ich hiemit H.X. und berichte hiezu folgendes: X war politischer Leiter und Hoheitsträger und hat die bisherigen Jahre aktiv dem Hitlerregime gedient. Um einer gerechten Sache willen, bitte ich darum, diesen Nutznießer des Hitlersystems, zu mindest den bisherigen Vorzug einer Gemeindewohnung zu entheben, um seine Parteitätigkeit so in den verdienten Schatten zu stellen. X ist heute noch mit zusammen 5 Personen in einer Gemeindewohnung, die besser einem anständigen und parteilosen Volksgenossen gebührt, als jenem, dessen Gesinnung nur nationalsozialistisch war ..." - Der Beklagte, von Beruf Maurer, hatte die 70jährige Klägerin des Holzdiebstahls bezichtigt und sie mit „politischem Gefängnis" bedroht, weil sie die Enkelkinder „nicht zum Hitlergruß angelernt" hatte. Der Maurer war von 1932-35 bei der SA und ab 1933 Parteimitglied gewesen und als Blockleiter eingesetzt. Eine Entschließung des Gemeinderats zu diesem Vorgang liegt nicht vor.

Der Gemeinderat befaßte sich in dieser Zeit auch aus eigener Initiative mit Fragen der Entnazifizierung bzw. mit Vergeltungsmaßnahmen und Repressalien gegen ehemalige Parteigenossen. Am 22.3.1946 faßte er auf Antrag der SPD Fraktion einen Beschluß, nach dem der Arbeitseinsatz der NSDAP Mitglieder weit strenger durchgeführt werden mußte. Damit sich diese Personengruppe nicht durch Bescheinigungen der Arbeitsunfähigkeit von Arbeitseinsätzen drücken konnte, mußten sie vom Bezirksarzt strenger beurteilt werden, die Arbeitsbescheinigungen mußten vom Arbeitsamt überprüft werden, damit nur solche Personen Lebensmittelkarten bekamen, die dazu berechtigt waren. Ausgangspunkt zu diesem Beschluß war die Auffassung, daß „die Nationalsozialisten, darunter viele ehemalige Aktivisten, heute noch faulenzen." Diesem „Übelstand" sollte abgeholfen werden. Es wurde vom Gemeinderat vorgeschlagen, die Aktivisten täglich 4 Stunden zum Schneeräumen einzuteilen. Um 7 Uhr morgens mußten sich „diese Leute" am Rathaus zur Diensteinteilung einfinden. Tatsächlich traten 24 Personen zum Schneeräumen an, von denen die meisten 8 Stunden ableisteten, einer brachte es sogar auf 24 Stunden! Auch beim „Bassinbau am Kälberstein" sollten 50 Nazis beschäftigt werden.

Es muß noch von einem anderen Fall berichtet werden, der manche Einblicke gewährt und die Kenntnisse über jene Zeit durchaus vermehrt und vertieft. Das interessante Zeitbild dreht sich um den Leiter eines Berchtesgadener Geldinstituts in der Zeit des Nationalsozialismus und kurz danach. Anlaß zum Vorgehen der SPD Fraktion und dann des gesamten Gemeinderats waren Schwierigkeiten und Mißverständnisse bei der Bereitstellung von Geldern für die Erbauung der neuen Wasserleitung. Nun wurde dem H.X. seine NS Vergangenheit zum Verhängnis. Der Gemeinderat beschloß am 13.5.1946 mit 12 zu 2 Stimmen, daß die „geschäftlichen Verbindungen (zu dem Geldinstitut) solange abgebrochen werden, als noch ein Parteigenosse und Blockleiter als Direktor fungiert." Und 10 Tage später folgte in geheimer Abstimmung der Beschluß mit 10:4 Stimmen dem Landrat mitzuteilen, „daß Herr X als Direktor als Parteigenosse und Blockleiter nicht länger tragbar ist und ersucht den Herrn Landrat eine Änderung herbeizuführen." Obwohl der Direktor sein Amt bereits ein Jahr lang seit Einmarsch der Amerikaner und mit deren Genehmigung beschwerdefrei geführt hatte, wurde jetzt gegen ihn vorgegangen.

Dabei war Herr X kein überzeugtes Mitglied der NS-Partei gewesen, sondern nur unter äußerstem Druck, um nicht wegen Parteifeindlichkeit entlassen zu werden, 1939 der Partei beigetreten. Eine erste Beitrittserklärung war sogar vorher schon von dem Ortsgruppenleiter wegen fehlender Voraussetzungen abgelehnt worden. Herr X war sogar 1933 als Nazigegner denunziert und bedroht worden. Er soll die Nationalsozialisten als „verkommene Bankrotteure" beschimpft haben und wurde folgerichtig 1933 vom „Sonderkommissar" der Obersten SA-Führung wegen dieser Einstellung mit Dienstentlassung bedroht. Einige Monate später folgte eine zweite Entlassungs-Drohung. Es wurde ihm bedeutet, daß er als Leiter des Geldinstituts nur gehalten werden könne, wenn er „wie dies die anderen Vorstände und Leiter von Behörden und Dienststellen hatten tun müssen," der Partei beitreten würde. Er war durch Landrat Froschmaier wiederholt wegen seiner negativen Einstellung zur Partei und zu Parteiangehörigen gemaßregelt, 1936 sogar fristlos entlassen worden. Die DAF (Deutsche Arbeitsfront, eine Nebenorganisation der Partei) entschied damals jedoch, daß das ihm zur Last gelegte Verschulden diese Entlassung nicht rechtfertige. Er wurde mit 100 Reichsmark bestraft, die für das SS-Erholungsheim Burghausen vorgesehen waren.

1939 bis 1943 war H.X. bei der Wehrmacht. Nach Rückkehr erfolgte durch den neuen Kreisleiter Stredele neuer Druck und die Anordnung, daß er als Parteiamt die Kreisbibliothek zu übernehmen habe. Während er wegen Überlastung in seinem Beruf dies ablehnen konnte, mußte er im September 1943 - vom Zellenleiter St. bedrängt und mit Entlassung bedroht - als kommissarischer Blockleiter den Block 1 der Zelle 2 (Altes Schulhaus am Marktplatz bis Bier-Adam) übernehmen. Herr X betonte in einem Rechtfertigungsschreiben, daß er niemals eine Uniform getragen und nie an einem Aufmarsch teilgenommen habe. Er versicherte: „Ich habe die Angehörigen des Blockes in keiner Weise bespitzelt." Er fügte noch hinzu, daß er sein Amt niemals nach parteipolitischen Gedankengängen, sondern ausschließlich nach wirtschaftlichen Grundsätzen geführt habe. „Schließlich bitte ich noch, den Beschluß des Gemeinderats nochmals einer Nachprüfung aufgrund meiner Darstellungen unterziehen zu wollen, und mir Gelegenheit zu geben, mit gutem Willen am Aufbau des neuen Staates mit demokratischer Gesinnung mitzuarbeiten."

Herr X kam auch in die Mühlen der Entnazifizierung. Offenbar war er mit seinem Erstverfahren nicht einverstanden, denn am 9. November 1948 fand seine Verhandlung vor der Berufungskammer Traunstein statt.

Beim Durchblättern einiger Unterlagen aus dieser Nachkriegszeit fand sich ein seinem Aussehen nach unbedeutender Zettel vom Dezember 1945, auf dem mit Handschrift etwas steht, das wegen seines schönen, positiven Inhalts nicht unterschlagen werden soll: „Herrn Bürgermeister Kriß Berchtesgaden. Inliegend 4.000.- Mk Viertausend RM für soziale Zwecke z.B. Weihnachten für Kinder, Hilfe in Notfällen oder sonst alles nach Ihrem freien Ermessen, oder des Gemeinderats. Ich war Pg (Parteigenosse) um des lieben Friedens willen - wie Min. Präsident Högner in seiner letzten Rede sagte. Fühle mich nichtschuldig, aber mitverantwortlich als Deutscher Mensch für das grauenhafte Elend dieses Krieges und unseres Vaterlandes. Es soll eine freiwillige Spende, ein Christgeschenk zur Linderung der Not und Weihnachtsfreude bereiten. Ein unbekannt sein Wollender".

Das Berchtesgadener Sagenspiel
Eine kleine Heimatoper in drei Bildern
(Text: O. Deiglmayr, Musik: Prof. Rüdinger)
Aufgeführt von den Kindern der Singschule Berchtesgaden

Diese „kleine Heimatoper" wurde 1934 mit sehr großem Erfolg uraufgeführt und in den nächsten Jahren oft wiederholt, denn deren „alljährliche Aufführungen in Berchtesgaden entzücken immer weitere Kreise." In einem anderen zeitgenössischen Zeitungsbericht ist die Rede davon, daß es dem Dichter in „lebendiger Einfühlung gelang, hier die heimatliche Seele einzufangen und die Natur unseres Berchtesgadener Landes schlicht und herzbezwingend in den alten Sagen zu uns sprechen zu lassen." Und im Berchtesgadener Anzeiger vom Januar 1942 können wir folgendes nachlesen. „Durch das ‚Berchtesgadener Sagenspiel', das in zahllosen Aufführungen in unserem Kursaaltheater jung und alt, Einheimische und Fremde entzückte, ist der Name Otto Deiglmayr in aller Munde gekommen und uns liebvertraut geworden. Mit dieser Heimatdichtung hat sich ihr Schöpfer tief in die Herzen Tausender gesungen und unserem Ländchen, das er zu seiner Wahlheimat erkoren hatte, ein Geschenk gemacht, für das es immer danken wird." - Damals hochgelobt, heute vergessen - Sic transit gloria mundi: So vergeht der Ruhm der Welt.

Das Sagenspiel ging auf eine Anregung des Berchtesgadener Hauptlehrers Hans Pröls zurück, der auch Leiter der Berchtesgadener Singschule war und die musikalische und Gesamtleitung innehatte. Das Orchester setzte sich zusammen aus der Kurkapelle Berchtesgaden und Mitgliedern der Marktkapelle Hafner. Gespielt wurde in der Zeit vom Juli bis September an Sonntagen im Kursaal. Es wurden Eintrittskarten für numerierte Plätze zum Preis von 1.- RM mit Textbuch und Programm verkauft.

Berchtesgadener Sagenspiel, Textbuch

Otto Deiglmayr war 1870 in München geboren und sollte nach dem Besuch des Gymnasiums Kaufmann werden, was allerdings seinen künstlerischen Neigungen nicht entsprach. Nach dem 1. Weltkrieg konnte er die „drückenden Berufsfesseln" abstreifen und seiner wahren Berufung leben. Es entstanden nicht nur Gedichte, sondern auch Dramen, darunter „Schwester Maria", eine Chiemseedichtung aus der Zeit Ludwigs II. Sein besonderes Interesse und Verständnis gehörte auch der Musik, so gründete er den Hans-Pfitzner-Verein und stellte sich als Mitarbeiter der Richard-Wagner-Stipendienstiftung zur Verfügung. So nimmt es nicht wunder, daß er sich auch auf dem Gebiet des Operntextes versuchte. Deiglmayr war, bevor er nach Gstadt am Chiemsee verzog, Besitzer des Hauses Rostwald, auf dem Weg zum Aschauer Weiher gelegen. Als „Berchtesgadener", aus seiner Begeisterung für die Gebirgswelt und Geschichte Berchtesgadens, schrieb er das „Berchtesgadener Sagenspiel".

Lehrer Pröls und Otto Deiglmayr konnten zur Vertonung ihres Sagenspiels einen prominenten Münchner Komponisten gewinnen, einen „kraftvollen, eigenwüchsigen, echt bayerischen Musiker": Gottfried Rüdinger. Auch ihn trieb es hinaus in die Bergwelt, und manches hielt er in Aquarellen fest. So kam es auch, daß er dem Volkslied besondere Aufmerksamkeit schenkte und es als Quelle für eigenes Schaffen fand und verarbeitete. Er schuf ein umfangreiches Gesamtwerk, mit geistlichen und weltlichen Chorwerken, Werken für Kammermusik und Orchester. Nicht vergessen werden dürfen seine Volksliederbearbeitungen und seine Volksoper „Tegernseer im Himmel". Er war also der richtige Mann für das Berchtesgadener Sagenspiel, für das er die Chorlieder und die instrumentalen Zwischenspiele komponierte.

Das also waren die schöpferischen Akteure. Am 17. November 1933 schlossen Deiglmayr und Pröls einen Vertrag über ihr Unternehmen: „Das Berchtesgadener Sagenspiel und seine Aufführungen". Darin heißt es auszugsweise: O.D. liefert das Manuskript zu Aufführungen durch die Singschule Berchtesgaden. H.P. übernimmt die Einstudierungen und die musikalische Leitung. Der Komponist Rüdinger komponiert das Sagenspiel ... Alle drei Beteiligten erhalten je 10 % Tantieme der Bruttoeinnahmen jeder Vorstellung. Außerdem wurde festgelegt, daß Deiglmayr das Unternehmen vorfinanziert. Der Vertrag enthielt auch Bestimmungen über Druck und Preis des Textbuches, über Dekoration und anderes.

Nun traten die Unternehmer Deiglmayr und Pröls, aber auch Rüdinger für sich allein, an die Marktgemeinde Berchtesgaden heran mit der Frage, ob sich die Gemeinde für das Stück interessiere, ob sie Dichtung und Komposition aufkaufen und eventuell selbst als Unternehmer der Aufführungen auftreten wolle. Rüdinger dachte für die Musik an eine Pauschalsumme von 2.000 RM, welche auch in vier Jahresraten zu je 500 RM entrichtet werden konnten. Deiglmayer verlangte ein Honorar von 1.000 RM. Schließlich erwarb die Gemeinde, die sich tatsächlich sehr für dieses Werk interessierte, die Musik für 1.000 RM und den Text für 800 Mark.

Und schließlich zahlte die Gemeinde - allerdings erst nach mehreren Mahnschreiben Deiglmayrs - die nachgewiesenen Ausgaben für die Aufführung im Juli 1934 im Berchtesgadener Kurhaus, nämlich 1.363 RM, die Deiglmayr aus seiner Tasche ausgelegt hatte, um die Uraufführung zu ermöglichen. Größere Posten waren die Textbüchlein, die bei der Berchtesgadener Firma Vonderthann und Sohn gedruckt worden waren (309 M), 455 Mark für Dekorationen und 300 M für den Kunstmaler Friedl Rasp, der die Dekorationsmalerei, Kostümentwürfe und Zeichnungen für das Textbuch fertigte. Allerdings mußte Deiglmayr auf die Begleichung dieser Ausgaben warten und wiederholt die Gemeinde um Bezahlung ersuchen, denn, wie der 2. Bürgermeister Sandrock schrieb: „Es ist aber leider nicht möglich, diesen Betrag bis zum 1.4.1935 frei zu machen, doch hoffe ich, daß durch die geplanten Aufführungen im Laufe des Sommers die Rückzahlung des gesamten Betrages möglich wird." Und tatsächlich wurden bis Januar 1937 erst 500 M (in zwei Raten!) zurückbezahlt! Auf erneutes Drängen Deiglmayrs erfolgten im März (300 M) und September (500 M) die letzten Ratenzahlungen.

Die Aufführungen

Am 8. Juli 1934 fand die Uraufführung im Kursaal um 11 Uhr vormittags statt. Es war „Ein Erfolg, der im jubelnden Beifall seinen Ausdruck fand." Das erste Bild „Die Sage vom Königssee" hatte als Personen den König (des Sees), Swanhilde (eine Seejungfrau), den Jäger Berthold und Elfen. Zum besseren Verständnis war im Textbuch jedem Bild eine Inhaltsangabe vorangestellt. Für das erste Bild heißt sie: „Die herrlichen Gestade des Sees sind dem Menschengeschlecht verwehrt, bis zufällig ein Jäger hingelangt und durch sein Lied den Bann löst. Swanhilde, die Seejungfrau, erscheint ihm und kündet ihm sein Glück. Sie ruft die Elfen, der König kommt und schenkt dem

Jäger das ganze Land samt seinen kostbaren Schätzen, den Salzlagern. Zum Dank benennt dieser den See „Königssee".

Das zweite Bild trägt den Titel „Die Sage von der Übergossenen Alm". Die etwas längere Inhaltsangabe, kürzer zusammengefaßt, lautet: Die übergossene Alm, heute ein riesiges Gebiet von ewigem Eis und Schnee, war der Sage nach eine grüne Almweide, auf der sangesfrohe Sennerinnen und Sennen lebten. Nach gemeinsamen Liedern und Tänzen treiben die Burschen in ihrem Übermut die Späße jedoch zu toll: sie mißbrauchen Brot- und Butterlaibe sogar zum Kegelscheiben. „Für diesen Frevel trifft sie die Strafe des Himmels: Unter Blitz und Donner versinkt die Alm und der Teufel, den die Burschen herausgefordert, schickt seine Buttnmandl, von dem Land Besitz zu nehmen. In einem symphonischen Nachspiel wird der Untergang der Alm musikalisch dargestellt."

Das dritte Bild heißt „Die Sage vom Untersberg". Ihr Inhalt: „In der marmornen Halle des Untersbergs schläft der Sage nach Kaiser Karl, um in der Zeit der größten Not sein deutsches Volk zum Sieg über den Erbfeind zu führen. Doch solange die Raben, die Zwietrachtstifter, den Berg umkreisen, ist seine Zeit noch nicht gekommen. Kaiser und Untersberger Mandl (Zwerge) sind in tiefem Schlaf. Da erscheint ein Knappe, der die drei Raben erlegt: Der Weg in eine neue Zeit ist frei ..." Wenn das auch tatsächlich Inhalt einer alten Sage ist, so passen Text und Wortlaut genau in die politische Zeit der Machtübernahme durch die Nationalsozialisten. Das kommt in manchen Textstellen fast überdeutlich zum Ausdruck, so etwa in dem sich wiederholenden Vers: „Wir Jungen, wir schaffen ein neues Land,/Ein Deutschland der Ehre und Treue./Wir Jungen, wir setzen es wieder in Stand/Verbinden das Alte und Neue." Und dann werden auch noch die führenden Fahnen beschworen, für die man zum Sterben bereit ist, und daß die Welt an Deutschland gesunden kann. Das alles endet in einem dreifachen Heil! Heil! Heil!

Schade, daß das an sich hübsche Werkchen in einer solchen aufdringlichen politischen Tendenz endete - wenn dies natürlich auch zeitgemäß war. Kein Wunder, daß die NS Partei dies gerne sah und entsprechend honorierte. Kein Wunder auch, daß der „Völkische Beobachter", das allmächtige Parteiblatt, die Aufführung eingehend besprach und in höchsten Tönen lobte. Der Berchtesgadener Anzeiger schrieb von einem „begeisterten Widerhall in der Presse," von verschiedenen Kunstkritikern führender Zeitungen. So wurde hervorgehoben, daß das Spiel im dritten Bild „in heroischer, fast überwältigender Gefühlskraft den Zuschauerraum in die Schlußapotheose einbezieht."

Alle Sängerinnen und Sänger waren Mitglieder der „Gemeindlichen Singschule in Berchtesgaden", wie ihr offizieller Titel lautete. Diese Singschule, die in den Kindern „Verständnis und Begeisterung für den Gesang wecken und sie zu brauchbaren Sängern heranbilden" sollte (laut eigener Satzung) war 1880 neu gegründet worden, nachdem sie schon Jahrzehnte vorher durch den Lehrer Prennsteiner geleitet worden war. Nun war es Hauptlehrer Perzlmayer, der ihr 45 Jahre bis zu seinem Tode 1925 vorstand. Damals zählte sie 86 Schüler. Perzlmayers Nachfolger wurde Hauptlehrer Hans Pröls, der die Anregung zu dem Sagenspiel gab und die Aufführungen einstudierte und leitete.

Wegen des großen Erfolgs fanden nach der Uraufführung noch eine Reihe weiterer Vorstellungen statt, so zum Beispiel am 22. und 23. Juli und am 12. und 19. August.

Hauptbahnhof Berchtesgaden, Sommer 1936: Sagenspielgruppe vor der Reise nach Berlin.
Rechts außen: Hauptlehrer Pröls, Oberlehrer Schramm. (Zur Verfügung gestellt von Sepp Kurz, 2.v.r.)

Mit ihrem Sagenspiel und einigen Volksliedern ging die Berchtesgadener Singschule auch auf Reisen. Die Kinder trugen 1935 die „Sage von der Übergossenen Alm" bei der Weltrundfunkausstellung in Berlin vor. „Wir sangen, tanzten und spielten damals vor 16.000 Personen in einem Riesenprogramm unter Mitwirkung der prominentesten Künstler Deutschlands." - 1935 auch machte die Singschule im Prunkhof des Münchner Rathauses dem Münchner Oberbürgermeister Fiehler und den Ratsherren Kellner und Pfahler ihre Aufwartung. Eine Münchner Zeitung schrieb: „Die Singschule Berchtesgaden war es, von der man in ganz Deutschland stets Gutes zu sagen weiß; hat sie doch schon in Berlin und in anderen Städten öffentlich und im Rundfunk gesungen." Die Buben und Dirndl traten in Tracht auf, mit Adlerflaum und Gamsbart auf den Hüten. Die Chiemgau Zeitung hob in ihrem Artikel hervor: „Besonders gefiel auch das letzte der Lieder ‚Wir Jungen, wir schaffen das neue Land, ein Deutschland der Ehre und Treue.'" Und dann stellte sich die Singschule auch noch in den Propagandadienst der Hitlerpartei und sang an der Feldherrnhalle zur Erinnerung an den 9. November 1923. So hieß es in der Presse, daß die Kinder diese Fahrt auch mit einer Wallfahrt zu der Weihestätte der 16 gefallenen Helden verbanden und an der Feldherrnhalle das Lied „In München sind viele gefallen" vortrugen.

Für den 14. August 1939 war eine besonders großartige Aufführung des Sagenspiels geplant. Für diese Vorstellung im heimatlichen Kurhaus lud die Gemeinde alle erreichbare Prominenz der NSDAP ein: Die Minister Dr. Lammers, Rust, Meißner, Generalfeldmarschall Hermann Göring, Reichsleiter Martin Bormann, hohe Beamte der Reichskanzlei, mehrere Kreisamtsleiter, Bürgermeister, örtliche Parteifunktionäre, usw. usf. Insgesamt waren an die 65 solche Einladungen ergangen, wieviele dieser Ehrengäste dann auch wirklich kamen, ist nicht überliefert.

Kurze Wiederbelebung nach dem Krieg

1953 hören wir wieder von dem Sagenspiel. Da es mit so großen Erfolgen aufgeführt worden war und offenbar auch recht ansprechende, vor allem auch musikalisch gelungene Passagen enthielt, erwachte von verschiedenen Seiten erneutes Interesse an dem Werk und an einer eventuellen Wiederaufführung. Es war zunächst der Singschulleiter Lehrer Glink aus der Schönau, worauf sich auch der Singschulleiter Lehrer Kreuz aus Berchtesgaden zu Wort meldete und darauf hinwies, daß das Sagenspiel Eigentum der Berchtesgadener Singschule sei. Auch Frau Rüdinger, Witwe des Komponisten, setzte sich für das Werk ihres Mannes ein. Leider aber waren alle für eine Aufführung benötigten Kulissen und Kostüme „abhanden gekommen." Neben der Marktgemeinde wurde auch der Fremdenverkehrsverband mit der Frage einer Neuaufführung angesprochen, der aber keine Mittel dafür zur Verfügung stellen wollte oder konnte.

Während es zwischen Berchtesgaden und Schönau zu Differenzen hinsichtlich des Aufführungsrechtes kam, wurde bald deutlich, daß vor allem das dritte Bild mit seinen Ovationen für das „Dritte Reich" nicht mehr tragbar war. Es wurde von einer Neudichtung und Neukomposition gesprochen, von einer nur konzertanten Aufführung, vom völligen Weglassen des dritten Teils. Da handelte kurz entschlossen Leonhard Glink und brachte diese „Volksoper" am 16. Juli 1953 um 20 Uhr im Alpenlichtspieltheater Schönau in einer „konzertanten Aufführung im Rahmen von Alpenlied, Volksmusik und Trachtentanz" zur Aufführung. Mitwirkende waren 50 Kinder der Singschule Schönau und das Philharmonische Orchester Bad Reichenhall. Lehrer Glink hatte schon 1939 die Aufführung (nach zweijähriger Pause) geleitet. Die Neuaufführung 1953 war ein großer Erfolg und wurde „von dem überfüllten Hause mit stürmischem Beifall lange bedankt." Wegen dieses Erfolgs fand 14 Tage später eine Wiederholung statt. Glink ging mit seiner Singschule und dem so gepriesenen Stück auch auf Reisen, so z.B. nach Burghausen. Hier allerdings wurde das Sagenspiel doch z.T. recht derb kritisiert: „Es entbehrt jeglicher dramatischer Elemente," der Chor sei nur Statist, der Schluß bringe „billige Verse". (Südostkurier vom 24.10.1953). Im dritten Bild (Kaiser Karl im Untersberg) waren die anrüchigsten Stellen umgeschrieben worden. Das war dann offenbar auch das Ende unseres Sagenspiels, es liegen zumindest keine weiteren Unterlagen mehr vor.

1945: Österreich erhebt Anspruch auf Berchtesgaden
Erste Gerüchte und Forderungen

Der Markt Berchtesgaden hatte den Krieg unversehrt überstanden und war gerade dabei, erste Schritte in eine friedliche, sichere Zukunft in einem neuen demokratischen Staat zu wagen, da drohte eine neue, überraschende und unvorhergesehene Gefahr. Österreich, unser Nachbar, der sich nach dem Krieg als von Deutschland unterworfener und von den Alliierten befreiter Staat sah, glaubte nun Gebietsansprüche gegenüber Deutschland erheben zu können. Jetzt, da Deutschland völlig wehrlos am Boden lag, in weiten Teilen zerstört und von den Siegermächten besetzt war, schien der richtige Zeitpunkt gekommen zu sein, für seine eigenen schweren Kriegsverluste Schadenersatz und Wiedergutmachung verlangen zu können. Als Entschädigung forderte man die Abtrennung des Berchtesgadener Landes, Bad Reichenhalls, ja des ganzen Rupertigaues, und die Eingliederung dieser Gebiete in den österreichischen Staat.

Es war nicht das erstemal, daß von Salzburger oder österreichischer Seite der Versuch unternommen wurde, Berchtesgadens habhaft zu werden. Um das Jahr 1400 war es Salzburg gelungen, sich Berchtesgaden wenigstens für ein paar Jährchen (1393-1402) einzuverleiben. Des Salzburger Erzbischofs Wolf Dietrichs militärische Versuche 200 Jahre später, Berchtesgaden zu erobern und zu behalten, scheiterten nach geringen Anfangserfolgen. In beiden Fällen war der andere Nachbar im Nordwesten, Bayern, der Retter in der Not. Von 1803 bis 1809 wurde Berchtesgaden dem Kurfürstentum Salzburg bzw. dem Kaiserreich Österreich zugeschlagen. Ab 1810 war das Berchtesgadener Land bayrisch, ebenso der Rupertigau, das Land um Laufen, Tittmoning, Teisendorf, das allerdings vorher jahrhundertelang zu Salzburg gehört hatte; Reichenhall war seit eh und je eine bayerische Stadt. Nun also wurde ein neuer Versuch unternommen, das alte Ziel zu erreichen. -

Die nachfolgenden Darstellungen basieren in erster Linie auf Unterlagen des Bayerischen Staatsarchivs München (LRA Berchtesgaden Nr. 29562 und 31341). An Hand vor allem von Zeitungsmeldungen und -berichten läßt sich die Geschichte dieses politischen Vorgangs in ihrem Ablauf Phase um Phase verfolgen.

Der erste Hinweis über eine von österreichischer Seite geforderte Abtrennung des Berchtesgadener Landes von Bayern stammt vom 5. Dezember 1945. Dem Bayerischen

Ministerpräsidenten war ein solches Ansinnen Österreichs zu Ohren gekommen und er richtete daraufhin einen Brief folgenden Inhalts an das Landratsamt Berchtesgaden: „Betreff: Abtrennung des Landkreises Berchtesgaden von Bayern. Durch einen Bericht des Regierungs Präsidenten von Oberbayern vom 4.12.1945 habe ich erfahren, daß dort Gerüchte über die Loslösung des Landkreises Berchtesgaden von Bayern umlaufen. Diesen Gerüchten ist auf das schärfste entgegenzutreten. Personen, die irgendwelche Vorbereitungen treffen, um das Berchtesgadener Gebiet abzutrennen, sind festzunehmen und wegen Vorbereitung des Landesverrats dem nächsten bayerischen Richter vorzuführen.

Dr. Wilhelm Högner
Bayerischer Minister Präsident

Die Antwort des Landratsamtes Berchtesgaden vom 16.12.1945 wies darauf hin, daß der Schweizer Sender diese Nachricht in der Woche vom 19.-24. November 1945 verbreitet habe. „Die überwiegende Mehrheit der Bevölkerung hat nach den mir zugegangenen Mitteilungen eine Angliederung an Österreich abgelehnt. In Bad Reichenhall konnte man selbstgefertigte Plakate sehen mit dem Wortlaut „Wir wollen bayerisch bleiben." In dem Brief heißt es weiter, daß nur solche Bewohner, die verwandtschaftliche Beziehungen zu Österreich haben und vielleicht ein kleiner Teil solcher Leute, die sich wirtschaftliche Vorteile (geringere Reparationslasten) davon versprechen, dem Anschlußgedanken mit Sympathie gegenüberstehen. „Besonnene Gemüter haben die Rundfunkmeldung als einen österreichischen Vorfühler betrachtet, um die Stimmung der Berchtesgadener Bevölkerung zu sondieren." Unter Umständen waren „Nazi-Elemente die Erfinder und Verbreiter" dieser Nachricht, um damit Unruhe in die Bevölkerung zu tragen. Zusammenfassend vertrat der Berchtesgadener Landrat die Auffassung, daß das Gerücht keinen nachhaltigen Eindruck bei der Bevölkerung hinterlassen habe. „Heute spricht kaum jemand noch davon."

Damit aber war die ganze Sache noch nicht vom Tisch. Die „Salzburger Nachrichten" vom Freitag, 4. Jänner 1946, griffen dieses Thema wieder auf und brachten unter der Überschrift: „Um Berchtesgaden. Wie man in Bayern die österreichischen Gebietsansprüche beurteilt" eine längere Abhandlung: „Aus Kreisen der Salzburger Landesregierung werden wir unterrichtet, daß die Forderung auf Eingliederung des Berchtesgadener und Reichenhaller Landes nicht nur aus den bekannten wichtigen verkehrstechnischen Gründen, sondern auch aus hervorragenden wirtschaftlichen Erwägungen eingebracht wird ... Nachdem die Grenzen gegen Bayern fast völlig abgeschlossen sind, wird die Forderung auf Angliederung besonders des ehemals zu Salzburg gehörenden Gebietes vordringlich. Die Bevölkerung des gesamten bayerischen Gebietes um Laufen-Trostberg-Traunstein-Freilassing und Reichenhall hat immer schon seine gesamten Bedürfnisse ebenso wie die kulturelle und wirtschaftliche Betreuung in Salzburg, nicht in München, erfahren ..."

In demselben Artikel wird auch aus einem Interview des bayerischen Ministerpräsidenten zitiert: „Das bayerische Volk und daher auch die Bevölkerung des Landes Berchtesgaden wünscht keinerlei Abtretung seines Heimatgebietes und vertraut auf den Schutz der amerikanischen Militärregierung gegenüber jeglichem derartigen Ansinnen, das weder historisch noch politisch ernsthaft begründet sein kann ... Ministerpräsident Högner steuerte noch folgende bemerkenswerte Begründung bei: Würden heute allerorts Grenzforderungen nach dem Nützlichkeitsprinzip erhoben, so könnte solche Praxis unabsehbare politische Folgen für spätere Zeiten haben." Högner setzte sein Vertrauen darauf, „daß die Vereinten Nationen ein Europa aufbauen, das von wahrhaft demokratischem Geist beseelt ist, sodaß die Staatsgrenzen von Ländern, die seit Jahrhunderten in wirtschaftlicher und kultureller aufrichtiger Freundschaft nebeneinander leben, nicht mehr hindernd und trennend sein werden."

Noch ein ganzes Jahr lang beschäftigte dieses Thema die verschiedensten Zeitungen, wohl auch die Politiker, besonders aber auch die Bevölkerung. Es muß zur Ehrenrettung Österreichs bzw. Salzburgs gesagt werden, daß es auch dort Stimmen gab, die solche Gebietsforderungen ablehnten. Das „Demokratische Volksblatt", am 8. Jänner 1946 in Salzburg erschienen, hielt nichts von solchen Gebietsansprüchen: „Unsere Außenpolitik muß eine vordringliche Aufgabe lösen, nämlich gute Beziehungen mit allen Nachbarn anzubahnen ... Die österreichische Außenpolitik mit Grenzforderungen zu belasten, die einer stichhaltigen Begründung entbehren, scheint uns nicht ungefährlich zu sein ..."

Es ist darüber hinaus aller Ehren wert, wie dieses Blatt weiterhin argumentierte und dabei auch einen moralischen Standpunkt vertrat, der allen Respekt verdient: „Während man eine Weltregierung erwägt - und der Denkende möchte sagen, sie ist eine Notwendigkeit - will man dem mit allen Nöten ringenden Deutschland ausgerechnet irgendeinen Winkel abfordern ... Unsere einzige Hoffnung ist, daß dieses Europa im demokratischen, im sozialistischen Geiste neu erbaut wird, und da wollen wir uns von den Bayern nicht nachsagen lassen, daß wir die schwere Lage dieses Landes ausgenützt haben, ihm ein Schmuckstück zu entreißen."

„Mit Heugabeln und Sensen"

Der Sozialdemokrat Dr. Wilhelm Högner, damals wie auch noch heute sehr respektierter Ministerpräsident Bayerns in dieser schweren Zeit, fand nun in der Süddeutschen Zeitung, wiedergegeben in den Salzburger Nachrichten vom 26. Jänner 1946, eine scharfe Sprache. Unter der Überschrift „Mit Heugabeln und Sensen für Berchtesgaden" wird Högner zitiert: „Wir sind nicht gewillt, uns das Berchtesgadener Land wegnehmen zu lassen. Jeder, der in diesem Gebiet für eine Abtretung an Österreich Propaganda macht, wird wegen Hochverrats vor Gericht gestellt werden. Sollte es zum Ärgsten kommen, so werden wir dieses Gebiet mit Heugabeln und Sensen verteidigen ... Wer nicht die Hand läßt von unserem Bayernland, dem werden wir auf die Finger klopfen!"

Offenbar ging die Kampagne um das Berchtesgadener Land vorrangig von Wien und nicht von Salzburg aus. Die „Neue Zeitung", ein in München erscheinendes Blatt der Amerikaner, veröffentlichte unterm 12.4.1946, daß während der Parlamentsdebatte über die Außenpolitik die Vertreter aller drei österreichischen politischen Parteien von der österreichischen Presse verlangten, den Anspruch auf Reparationen gegen Deutschland geltend zu machen. Und bei der Beratung der Außenpolitik im Finanzausschuß des österreichischen Parlaments forderte der Kommunist Fischer „die Abtrennung mindestens des Berchtesgadener Landes von Deutschland und seinen Anschluß an Österreich" (SZ vom 19.4.1946).

Unser Berchtesgadener Land beschäftigte in diesem Zusammenhang aber auch die große Politik. Die schon erwähnte „Neue Zeitung" berichtete am 29.4.1946, daß sich die Konferenz der vier Außenminister, nämlich der USA, Englands, Frankreichs und der Sowjetunion, damit befaßte. Der Korrespondent der New York Times, Sulzberger, wurde folgendermaßen zitiert: „Hingegen konnten die Vereinigten Staaten einigen kleineren Grenzberichtigungen zustimmen, vor allem was die bayerischen Grenzvorsprünge bei Sonthofen und Berchtesgaden angehen."

Nun schien es aber doch richtig ernst zu werden, und so war es höchste Zeit, daß sich die Berchtesgadener Bevölkerung eindrucksvoll selbst zu Wort meldete. Der „Südost-Kurier" schrieb am 5. Juni 1946 unter der Überschrift „Hände weg vom Rupertigau!" von einer großen Protestkundgebung in Berchtesgaden, die sich gegen erneute Versuche zur „Grenzberichtigung" richtete. Diese Kundgebung war eine Antwort auf einen Artikel in der „Neuen Zeitung" vom 27. Mai 1946, in dem es hieß: „Zu erwähnen sind noch gewisse österreichische Ansprüche auf Grenzberichtigungen an Bayern, die sich auf das Berchtesgadener und Reichenhaller Land richten sollen; sie stoßen in Bayern auf heftigen Widerstand."

In der großen Kundgebung des Allgemeinen Deutschen Gewerkschaftsbundes, die von Hunderten von Berchtesgadener Bürgern und Bürgerinnen besucht war, sprachen Ferdinand Schmitt und Karl Groll. Dieser appellierte an das feierlich verkündete Selbstbestimmungsrecht der Völker und an das Weltgewissen, das eine derartige Verstümmelung urbayerischen Gebietes unmöglich zulassen könne. Mindestens 95 % der einheimischen Bevölkerung wollten davon nichts wissen. „Eine Grenzberichtigung, wie sie von Österreich gedacht sei, würde rund 50.000 Menschen ihrer Heimat berauben und zu Flüchtlingen, zu Bettlern machen." Man sprach sogar von einem österreichischen Staatsstreich gegen Berchtesgaden und Reichenhall. Es wurde dann auch eine einstimmig angenommene Resolution folgenden Inhalts gefaßt:

„Die Berchtesgadener Bevölkerung und die des gesamten engeren Landkreises ohne Unterschied der Parteirichtung wünschen keinerlei Abtrennung ihres Heimatgebietes und vertrauen auf den Schutz der amerikanischen Militärregierung gegenüber jeglichem derartigen Ansinnen, das weder historisch noch politisch begründet sein kann. Das Berchtesgadener Land hat niemals zu Österreich gehört. Auf Grund des Selbstbestimmungsrechts der Völker und appellierend an das Weltgewissen wolle der Wille des bayerischen Volkes respektiert werden."

Der Gedanke des Gewinns irgendeines bayerischen oder berchtesgadischen Gebietes wollte aber offenbar noch immer nicht aus den Köpfen mancher Österreicher verschwinden. In dem wöchentlichen Gemeindebericht der Gemeinde Au für die Zeit vom 20.-27. Oktober 1946 lesen wir: „Nach einer Mitteilung des Betriebsrates vom Salzbergbau am Dürrnberg bei Hallein verlas der Generaldirektor von den österreichischen alpinen Salinen Dr. Schidla eine Verlautbarung wonach in Österreich die Absicht auf Einverleibung in das österreichische Territorium der 4 deutschen Gemeinden Au, Scheffau, Markt- und Landschellenberg bestehe."

Doch auch daraus wurde - Gott sei Dank! - nichts. Wir wollen diesen Rückblick auf ein interessantes Kapitel der Berchtesgadener Nachkriegsgeschichte mit einem Zitat aus dem Südost-Kuriert vom 4. Januar 1947 beenden, in dem es heißt: „Wie der Korrespondent berichtet, sind Anzeichen dafür vorhanden, daß Österreich alle territorialen Ansprüche aufgegeben hat und auch auf die Eingliederung des Berchtesgadener Gebietes verzichte."

Geschichte unserer Gemeindeverfassung
Gemeindebildung in Bayern

Als Berchtesgaden 1810 in das Königreich Bayern eingegliedert wurde, war man in Bayern gerade dabei, politische Gemeinden zu bilden. Durch die großen territorialen Neuerwerbungen, die Bayern in der Napoleonischen Zeit gewonnen hatte, war eine Neuorganisation dieses aus den unterschiedlichsten Einzelteilen erstandenen Staatswesens dringend notwendig.

Das Gemeindeedikt von 1808 hatte nicht nur das Ziel, die bisherigen Einrichtungen zu beseitigen und einheitliche Organisationsformen zu schaffen, sondern auch den Zweck, die Staatsgewalt bis in das letzte Dorf durchzusetzen. In dem neuen Gemeinderecht unterschied man dreierlei Gemeinden: Städte mit über 5.000 Einwohnern, Städte und Märkte unter 5.000 Menschen und sog. „Ruralgemeinden", d.h. kleine Markt- und Dorfgemeinden. Für die neuerrichteten Ruralgemeinden (ab 1834 hießen sie Landgemeinden) galt als Obergrenze eine Zahl von 1.000 Einwohnern und als Minimum 230 Bewohner.

Dieses Gemeindeedikt von 1808 war eigentlich ein völliger Fehlschlag, es hat nichts wirklich Lebensfähiges geschaffen. Da für diese neuen Gemeinden keine Selbstverwaltung vorgesehen war, war die Folge, daß sich die Gemeindemitglieder nicht für ihre Gemeinde interessierten. Für die Verwaltung der Gemeinde war ein Vorsteher vorgesehen, der vom Landrichter bestätigt werden mußte, und außerdem gab es noch die Gemeindeversammlung, die allerdings nur auf Einberufung und unter Leitung der Polizeibehörde zusammentreten und beschließen konnte. Es war also keine echte Entscheidungsinstanz der Gemeinde, sondern eine pseudodemokratische Einrichtung. Dieses Gemeindeedikt erwies sich auch in der Praxis als kaum praktikabel, da die Gemeinden willkürlich auf dem Reißbrett geschaffen worden waren ohne Rücksicht auf geschichtlich Gewachsenes und althergebrachte Rechte und Zusammengehörigkeiten.

So wurde 1818 - nach dem Sturz Montgelas' und unter dem Einfluß des Kronprinzen Ludwig - ein neues Gemeindeedikt erlassen, das nun auf ganz anderen, moderneren Prinzipien beruhte: Nun griff man auf lokale Verhältnisse und geschichtliche Traditionen zurück, Interesse und Teilnahme der Gemeindebewohner an ihrer Gemeinde sollten durch eigene Mitwirkung an der Verwaltung gefördert werden. Diese neue Gemeindeverfassung bestimmte die Rückgabe des örtlichen Stiftungs- und Gemeindevermögens und die Selbstverwaltung durch Schaffung freigewählter Gemeindeorgane und durch Beschränkung der Staatsaufsicht. Die Ruralgemeinden sollten durch einen Gemeindeausschuß mit Ortsvorsteher an der Spitze verwaltet werden, die Gemeindeversammlung stand beratend zur Seite.

Die Berchtesgadener Gemeinden

Zu den Eigentümlichkeiten der Berchtesgadener Geschichte gehörte die Gliederung des Klosterstaates in sog. „Gnotschaften". Schon im 15. Jahrhundert erscheinen solche Gnotschaften in den schriftlichen Quellen: 1430 wird eine „gnottschaft" Au erwähnt, 1432 die Gnotschaft Gern, 1447 Bischofswiesen, 1456 werden Salzberg, Ramsau und Ettenberg urkundlich aufgeführt. Es waren neun Gnotschaften, denn es kamen noch Scheffau, Schönau und Königssee dazu. Diese Gnotschaften wurden in „Gnotschafterbezirke" unterteilt, die schon 1456 im ersten Berchtesgadener Steuerbuch erscheinen. Im Steuerbuch von 1698 waren 32 Gnotschäfter angeführt, die diesen Gnotschaftsbezirken in gewisser Weise vorstanden. Zu diesen Gnotschaften im ländlichen Raum kamen die zwei Marktsiedlungen Schellenberg und Berchtesgaden.

So war die Situation, als Berchtesgaden 1803 zum neugebildeten Kurfürstentum Salzburg, 1805 zum Kaiserreich Österreich, 1809 unter Verwaltung Frankreichs und 1810 zum Königreich Bayern kam, zu dem es nun seit nahezu 200 Jahren gehört.

Es ist schade, daß keine Unterlagen vorhanden sind, die darüber Auskunft geben könnten, wie nun im bayerischen Pfleggericht Berchtesgaden (dem Vorläufer des späteren Bezirks bzw. Landkreises) die Gemeindebildung vor sich ging. Da aber die späteren Gemeinden sich völlig mit den früheren Gnotschaften deckten, darf angenommen werden, daß hier im Berchtesgadener Land - anders als vielerorts in Bayern - die Gemeindebildung keine Schwierigkeiten bereitete. Hiereth, der die Gemeindebildung im Isarkreis (später Oberbayern) untersuchte, mußte feststellen, daß Gemeindeverzeichnisse von Berchtesgaden aus dem Jahr 1818 „nicht mehr aufgefunden werden konnten." Berchtesgaden, das anfangs zum Salzachkreis gehörte, wurde 1817 dem Isarkreis zugeteilt.

D. Albrecht glaubt im „Historischen Atlas von Bayern" („Fürstpropstei Berchtesgaden) 1954, daß der Übergang von der Gnotschaftsgliederung in die Gemeindeverfassung in Berchtesgaden vor 1817 erfolgt war. In den „Gemeindeformationsakten" im Landesvermessungsamt München sind im ersten Berchtesgadener Gemeindeverzeichnis 1817 die folgenden Gemeinden aufgeführt: Au, Bischofswiesen, Ettenberg, Gern, Königssee, Ramsau, Salzberg, Scheffau, Schönau. Daraus geht eindeutig hervor, daß die alten Gnotschaften nun als Gemeinden weitergeführt wurden, die zwei Märkte Schellenberg und Berchtesgaden waren nun Marktgemeinden.

Das erste Beschlußbuch der Marktgemeinde Berchtesgaden vom 10. Januar 1819 zeigt den folgenden Eintrag: „Protokoll über die aufgenommenen Gemeinde Beschlüsse der Gemeindeverwaltung Berchtesgaden II. Quartal des Etatsjahres 1818/19." Das Protokoll war unterschrieben von Andreas Kaserer, Gemeinde Vorsteher, Alois Mader Gemeindepfleger, J.B. Haller Stiftungspfleger, und den Gemeinde Bevollmächtigten Andreas Hampl, Andre Hofthamer, Leopold Kaserer, Kajetan Hamplmann, Christoph Milbauer. Es war hier übrigens um Fragen des Wasser- und Wachtgeldes gegangen.

Die Gemeinde Gern hatte ihr Beschlußbuch im II. Quartal 1819/20 begonnen. Der Eintrag lautet: „Es hat sich in diesem Quartal keine Änderung ergeben." Unterschrift Anton Kurz Gemeinde Vorsteher.

Wie Berchtesgaden zur städtischen Verfassung kam

Berchtesgaden wurde, obwohl als Marktgemeinde anerkannt, nach den Grundsätzen für Rural (Land)-gemeinden verwaltet, also mit einem Ortsvorsteher an der Spitze und einem Gemeindeausschuß. Wichtige Entscheidungen mußten von der Gemeindeversammlung (Versammlung aller wahlberechtigten Gemeindebürger) beraten und getragen werden. Gerade diese Bestimmung, die zwar echten demokratischen Geist verriet, stellte sich in der Praxis als schwer durchführbar und als wahrer Hemmschuh heraus, denn es war schwierig, eine beschlußfähige Gemeindeversammlung zusammenzubringen.

So ist es nicht verwunderlich, daß Berchtesgaden 1887 vom Kgl. Bezirksamt aufgefordert wurde, sich für die Annnahme der städtischen Verfassung zu entscheiden. In Städten und größeren Märkten waren als Verwaltungsorgane ein Bürgermeister, der Magistrat und das Kollegium der Gemeindebevollmächtigten vorgesehen. Das Bezirksamt begründete seine Aufforderung damit, daß es einfacher sei, den Markt mit sechs Magistratsräten und 18 Gemeindebevollmächtigten zu verwalten. Schon seit 1883 liefen Verhandlungen mit dem Ziel, einzelne Gebiete und Anwesen aus den Gemeinden Salzberg, Bischofswiesen und Gern in die Marktgemeinde einzugemeinden. Mit diesen Grenzerweiterungen würde der Markt mindestens 2.000 „Seelen" zählen und unter 33 Städten und Märkten Oberbayerns an 19. Stelle liegen.

Der Gemeindeausschuß Berchtesgaden beschloß mit 9:2 Stimmen die Annahme der städtischen Verfassung. Nun mußte allerdings dieser Beschluß noch der Gemeindeversammlung vorgelegt und von dieser bestätigt werden. Eine Zweidrittel-Mehrheit war hier für einen gültigen Beschluß notwendig. Am 19. Juni 1887 schon trat die Gemeindeversammlung zusammen. 118 Gemeindebürger waren geladen, nur 64 davon erschienen. Für die Bürger, die nicht gekommen waren, wurde die Abstimmungsliste im Gemeindehaus ausgelegt. Am Ende stimmten 89 Bürger für die Annahme, 12 dagegen, 12 enthielten sich der Stimme. 5 waren wegen Krankheit verhindert. Mit 89 Stimmen war die nötige Mehrheit erreicht, und so war also die neue städtische Gemeindeverfassung angenommen - glaubte man!

Die Regierung von Oberbayern allerdings sah das anders und hatte an dem Abstimmungsergebnis der Gemeindeversammlung vom 19. Juni auszusetzen, daß es durch späteres Auflegen der Wählerliste zustandegekommen war, dies sei „staatsaufsichtlich zu beanstanden." Am 4. Dezember mußte eine neue Gemeindeversammlung abgehalten werden, bei der dann von 123 Bürgern 96 persönlich anwesend waren, von denen 92 für den Antrag stimmten. Nun war man höheren Orts zufrieden, das Abstimmungsergebnis war gültig.

Allerdings war das ganze Verfahren noch nicht zu Ende, jetzt ging es erst richtig zur Sache: die neuen Führungspersönlichkeiten mußten gewählt werden - zum Teil wieder durch die Gesamtgemeinde. Diese mußte nun 18 Gemeindebevollmächtigte und 6 Ersatzmänner bestimmen. Diese Bevollmächtigten wählten dann 6 Magistratsräte, und diese wiederum den Bürgermeister. Es waren also im ganzen 4 Wahlgänge nötig! Der Brauerei- und Realitätenbesitzer Michael Kirchmayr war zum Bürgermeister gewählt worden. Zur Verpflichtung und Einweisung in sein neues Amt am Montag, 2. Januar

1888, im Sitzungssaal des Gemeindehauses wurden alle Magistratsräte und Gemeindebevollmächtigten vorgeladen.

Spätere Gemeindeordnungen

Bis zum Ende der Monarchie 1918 blieb in Bayern die Gemeindeverfassung im großen und ganzen ohne wesentliche Veränderungen bestehen. Ab 1919 war dann der von den Bürgern gewählte Gemeinderat das alleinige Organ. Auch wurden die verfassungsrechtlichen Unterschiede zwischen Städten und Landgemeinden beseitigt, und die kommunale Selbstverwaltung wurde gegenüber der Staatsaufsicht gestärkt.

Die neue Gemeindeordnung von 1927 vereinheitlichte das Gemeinderecht, da immer noch Teile der Gemeindeordnung von 1869 gültig waren.

Kurz darauf, mit Beginn der nationalsozialistischen Regierung, erfolgten einschneidende Eingriffe in die Gemeindeverfassung und -verwaltung. Wurde schon sofort die Gemeindeverwaltung der verstärkten Staatsaufsicht unterworfen, so wurde mit der reichseinheitlichen „Deutschen Gemeindeordnung" von 1935 die „Gleichschaltung" auf diesem Gebiet vollendet und das „Führerprinzip" eingeführt: Der Bürgermeister wurde autoritärer Leiter der Gemeinde, die Gemeinderäte erhielten nur mehr beratende Funktion. Am Bestand der Gemeinden allerdings änderte sich nichts.

Nach dem Ende des zweiten Weltkriegs und der nationalsozialistischen Herrschaft wurden insofern wieder demokratische Verhältnisse und Regeln eingeführt, als die Gemeinderäte wieder ihre dominierende Stellung erhielten und die kommunale Selbstverwaltung hergestellt wurde. Dies alles wurde dann etwas später (1952) durch eine neue „Bayerische Gemeindeordnung" festgeschrieben.

1970/71 wurde in Bayern die Gebietsreform in Angriff genommen, die eine völlige Umgestaltung der Gemeindeorganisation zur Folge hatte. Die Zahl der Gemeinden, die sich seit dem Anfang des 19. Jahrhunderts nicht geändert hatte, sollte verringert werden, denn die finanzielle Leistungskraft der kleinen Gemeinden war den wachsenden Anforderungen der neuen Zeit nicht mehr gewachsen. Als Ziel setzte man sich eine 5.000 Einwohner zählende Gemeinde. Obwohl dieses Ziel nicht ganz erreicht wurde, wurde die Anzahl der Gemeinden doch erheblich reduziert. Gab es im Jahr 1952 etwa 7.100 kreisangehörige Gemeinden, so waren es 1978 nach Abschluß der Gemeinde-Gebietsreform noch 2052.

Bestand, Anzahl und Umfang der aus den Gnotschaften hervorgegangenen Gemeinden im Berchtesgadener Land waren im 20. Jahrhundert starken Veränderungen unterworfen. Besonders die beiden Märkte Berchtesgaden und Marktschellenberg konnten ihr Gebiet, damit auch ihre Zuständigkeit und Einwohnerzahl, beträchtlich erweitern.

Am 1.3.1911 war die Gemeinde Ettenberg in der Gemeinde Landschellenberg (neuer Name für Schellenberg Land) aufgegangen, am 1.10.1969 war die Zusammenlegung von Landschellenberg und der Gemeinde Scheffau mit der Gemeinde Marktschellenberg (seit 1911 neuer Name für Schellenberg Markt) erfolgt. Die heutige Marktgemeinde Marktschellenberg besteht also aus dem alten Markt Schellenberg und den früheren selbständigen Gemeinden Ettenberg, Landschellenberg und Scheffau.

Auch der Markt Berchtesgaden vergrößerte sich ganz enorm. Am 1.1.1972 erfolgte die Eingliederung der Gemeinden Au, Maria Gern (seit 3.6.1953 hieß die alte Gemeinde Gern „Maria Gern") und Salzberg. Besaß der Markt Berchtesgaden 1971 eine Einwohnerzahl von 4.355 Personen, so war diese nun auf 8.780 (1972) gestiegen, das Gemeindegebiet von 1,5 qkm auf 31 qkm angewachsen.

Die alten Gemeinden Königssee und Schönau schließlich schlossen sich durch Rechtsverordnung der Regierung von Oberbayern von 1976, die 1978 in Kraft trat, zur neuen Gemeinde „Schönau am Königssee" zusammen.

Selbständig und im alten Umfang erhalten geblieben sind allein die alten Gemeinden Ramsau und Bischofswiesen. Während Bischofswiesen mit einer Einwohnerzahl von 7.458 (1978) und großem Gemeindeareal mit Recht eine eigenständige Gemeinde blieb, verdankt die Gemeinde Ramsau mit nur 1.748 Bewohnern (1978) ihre Eigenständigkeit wohl der Tatsache, daß sie etwas abseits und zu beiden Seiten eines zentralen Tales liegt, also ein geschlossenes, abgerundetes Gemeindegebiet aufweist.

Wenn auch von den 11 Gemeinden, die im Berchtesgadener Talkessel zu Beginn der bayerischen Herrschaft gebildet worden waren, heute nur mehr fünf übrig geblieben sind, so sind doch Tradition und Kontinuität in anderer Hinsicht erhalten geblieben: Im Bewußtsein der Berchtesgadener sind die alten Gemeinden, die aus den Gnotschaften gebildet wurden, lebendig geblieben.

Die Gebietsreform in Berchtesgaden
1. Die Gemeindegebietsreform

Um das Jahr 1970 herum wurde überall in Bayern die Notwendigkeit der Konzentration in den Verwaltungen auf den verschiedensten Gebieten diskutiert und gefordert. Mit dem Slogan „Moderne Gemeinden - moderner Staat" brachte man von der Seite des Ministeriums den Gedanken der Zusammenlegung und damit der Verwaltungsvereinfachung den Gemeinden nahe. Es wurde nun in Zeiten der Mondlandung und großer technischer Fortschritte auch eine moderne zeitgemäße Gemeindeverwaltung gewünscht.

Den Anfang machte in gewisser Weise die Gemeinde Maria Gern. In dieser kleinen Gemeinde mit einigen hundert Gemeindebürgern lagen die Dinge so, daß der Gemeinderat von sich aus schon im Jahr 1969 beschloß, alle Verwaltungsgeschäfte der Marktgemeinde Berchtesgaden zu übertragen. Berchtesgaden verpflichtete sich, Beschlüsse des Gerner Gemeinderats und Vollzugsanordnungen des Bürgermeisters dieser Gemeinde wie die eigenen zu erfüllen. Der Markt Berchtesgaden übernahm auch die Müllabfuhr in Maria Gern, die an Berchtesgaden für alle Dienste 11.000 Mark pro Jahr bezahlte, was für sie eine jährliche Ersparnis von 5.000 M bedeutete.

Kirche Maria Gern mit Watzmann

Wie war es zu diesem Entschluß der Gemeindeväter von Maria Gern gekommen? Der Gemeindesekretär mußte aus gesundheitlichen Gründen sein Amt abgeben, ein qualifizierter Nachfolger für diesen schwierigen Posten, in dem man in allen Sparten einer Gemeindeverwaltung sattelfest sein mußte, war nicht zu bekommen. So drängte sich notgedrungen der Gedanke einer Verwaltungsgemeinschaft mit einer anderen Gemeinde auf. Die Gemeinde Maria Gern erhielt damit eine richtige Verwaltung mit den gleichen Ressorts wie der gut und modern verwaltete Markt Berchtesgaden. „Das Gerner Rathaus ist im Markt" betitelte der Berchtesgadener Anzeiger einen Artikel. Diese Verwaltungszusammenlegung wurde vom Gemeinderat Maria Gern mit 7:2 Stimmen beschlossen und zunächst auf eine 3jährige Probezeit begrenzt. Der Marktgemeinderat Berchtesgaden stimmte einstimmig zu.

Auch an die Gemeinde Salzberg trat dieses Problem heran, besonders da sich diese Gemeinde halbkreisförmig um den Markt Berchtesgaden erstreckte - eine Gren-

Kirche Maria Gern mit Untersberg und dem Hochtal und Gebiet der früheren Gnotschaft und späteren Gemeinde Maria Gern

ziehung, die vor mehr als 150 Jahren zustande gekommen war und einer modernen Verwaltung nicht mehr gerecht werden konnte. Allerdings zeigte sich der Gemeinderat Salzberg zunächst keineswegs so aufgeschlossen. Ja, man hatte in diesem Gremium im April 1969 mehrheitlich abgelehnt, die Frage eines Zusammengehens mit Berchtesgaden auch nur zu diskutieren. Motor für eine Zusammenlegung mit Berchtesgaden war die parteilose Gruppe im Gemeinderat Salzberg, die damit argumentierte, daß sich die finanzielle und wirtschaftliche sowie vor allem auch die geographische Lage für einen Zusammenschluß geradezu anböten. Schließlich wurde eine Unterschriftensammlung in der Gemeinde in die Wege geleitet, die nicht nur von der parteilosen Gruppe, sondern von einer Bürgeraktion, der Mitglieder aller Parteien und Gruppen angehörten, unterstützt wurde. Die Argumente dieser Bürgeraktion waren vielen Bürgern einleuchtend: Die beiden Gemeinden waren von der Bebauung her bereits völlig miteinander verwachsen, das Salzberger Gemeindeamt lag inmitten des Marktes Berchtesgaden, Salzberger benutzten mit Selbstverständlichkeit Einrichtungen der Marktgemeinde usw. usf. Man wollte doch nicht „Salzberger" und „Markterer", sondern „Berchtesgadener" für alle Zeiten sein. Vom Staat, der die Zusammenlegung begünstigte, waren finanzielle Hilfen in Aussicht gestellt. Die Gegner einer Zusammenlegung und Verteidiger der Selbständigkeit wollten vom Zusammengehen mit dem Markt nichts wissen und stellten mit Selbstbewußtsein fest: „Wir können uns selbst verwalten," und „Wir können uns das leisten" und „Die Freiheit hat ihren Preis." Das Ergebnis der Bürgerbefragung fiel für die Befürworter der Zusammenlegung recht befriedigend aus: 797, rund ein Drittel der Wahlberechtigten, war für den Zusammenschluß. Aber auch jetzt gaben die Gegner nicht nach und hatten folgendes Argument parat: Diese Ja-Stimmen stammten vor allem von Leuten, die erst vor kurzem in die Gemeinde zugezogen, also keine „echten" Salzberger und mit den Verhältnissen nicht vertraut waren. Es war vor allem der Fraktionssprecher der CSU, der die Selbständigkeit Salzbergs verteidigte und ein Zusammengehen mit dem Markt ablehnte. Trotzdem fand sich nun die Gemeinde bereit, sich mit dem Marktgemeinderat zu einem Gespräch über eine engere Zusammenarbeit an einen Tisch zu setzen. Man sprach zwar von einer „überhitzten Atmosphäre", war aber willens, sachlich zu diskutieren.

Im Gemeinderat Berchtesgaden bestand große Einigkeit, mit der Gemeinde Salzberg in ein konstruktives Gespräch über ein Zusammengehen zu kommen. Als „neutralen

Boden" für die erste gemeinsame Sitzung der beiden Gemeindegremien wurde vom Berchtesgadener Bürgermeister der Lesesaal der Kurdirektion vorgeschlagen. Es dauerte aber immer noch gute sieben Monate, bis es zu diesem Meinungsaustausch kam - und das Ergebnis war gleich null: Man beschloß, sich wieder einmal zu treffen. Und wieder vergingen Monate, der Salzberger Gemeinderat konnte sich noch immer nicht zu einem Zusammengehen mit dem Markt entschließen. Der Bürgermeister wollte mit der Bemerkung „Wir werden uns über eine Zusammenlegung noch unterhalten" Zeit gewinnen. Es war inzwischen Mai 1971 geworden - zwei Jahre währte nun schon der Streit.

Ende des Jahres 1971 kam aber nun doch Bewegung und neuer Schwung in das nun schon so lange Gemeinderäte und Bevölkerung bewegende Problem. Der Gemeinderat Salzberg beschloß nun einstimmig, am 7. November 1971 die Bevölkerung selbst abstimmen zu lassen, ob sie eine Zusammenlegung ihrer Gemeinde mit der Marktgemeinde Berchtesgaden wünsche. Inzwischen waren von der Verwaltung die finanziellen und rechtlichen Auswirkungen eines Zusammenschlusses geprüft und den Gemeindegremien vorgelegt worden. Die einzelnen Fraktionen nahmen durch ihre Sprecher sehr ausführlich dazu Stellung, und der Berchtesgadener Anzeiger berichtete detailliert und ins Einzelne gehend darüber, so daß die Bewohner Salzbergs genau unterrichtet wurden und sich ein Urteil bilden konnten.

Nun war man allgemein gespannt und wartete voll Neugier und auch Nervosität auf das Ergebnis der „Volksabstimmung", das ja doch von großer Bedeutung hinsichtlich der Zukunft der Gemeinde Salzberg, aber auch der Marktgemeinde Berchtesgaden war. Das Interesse der Salzberger am Geschick ihrer Gemeinde war groß, von 2.023 Wahlberechtigten hatten 1.315 den Weg zur Wahlurne angetreten, was einer Wahlbeteiligung von 65 % entsprach. 67 % davon stimmten mit Ja, d.h. 879 Bürger waren für ein Zusammengehen mit dem Markt Berchtesgaden. 404 (31 %) hatten mit Nein gestimmt, 32 Stimmzettel waren ungültig (2 %).

Wie wurde dieses eindeutige Ergebnis aufgefaßt, wie wurde dieses Plebiszit beurteilt? Von den Befürwortern des Zusammenschlusses wurde das Ergebnis natürlich begrüßt, die Verlierer wiederholten ihre Auffassung, daß die Leute, die mit Ja gestimmt hatten „nicht die alten Bindungen zur Gemeinde" besitzen. Für den Bürgermeister der Marktgemeinde, Martin Beer, war es ein „überwältigendes Ergebnis." Auch der Landrat Dr. Rudolf Müller bewertete das Ergebnis sehr positiv und hoffte, daß es Signalwirkung auch für andere Gemeinden habe. Er sah eine künftige „Vereinfachung der

Verwaltung, Verbesserung der Lebensverhältnisse und Stärkung der bürgerschaftlichen Selbstverwaltung." Im übrigen wäre eine zwangsweise Zusammenlegung in vier Jahren sowieso gekommen - dann allerdings hätte es keine staatlichen Zuschüsse mehr gegeben. Bei der Abstimmung, die auch die Frage des Namens der neuen größeren Gemeinde gestellt hatte, entschieden sich 49 % für „Markt Berchtesgaden".

Inzwischen hatten die Gemeinderäte der Gemeinde Au (Juli 1971) und der Gemeinde Maria Gern (August 1971) jeweils einstimmig beschlossen, sich mit Berchtesgaden zusammenzuschließen. In beiden Gemeinden wurde eine Abstimmung abgehalten,

Kirche der früheren selbständigen Gemeinde Au mit Untersberg

welche die jeweils für einen Zusammenschluß mit Berchtesgaden nötige Ja-Stimmenzahl erbrachte: Maria Gern 90 % Ja-Stimmen bei 38 % Wahlbeteiligung, Au 92 % Ja, 56 % Wahlbeteiligung. Nun mußten nur noch die Bewohner des Marktes Berchtesgaden ihr Votum abgeben bei der von der Regierung angeordneten Bürgerbefragung. Sie waren nun auch aufgefordert, ihre Meinung über eine Zusammenlegung der Marktgemeinde mit den Gemeinden Au, Maria Gern und Salzberg zum Ausdruck zu bringen. Die demokratischen Spielregeln verlangten es schließlich, daß auch die „Markterer" gefragt werden mußten, ob sie den Zusammenschluß wollten. Von den 3.230

Wahlberechtigten erschienen allerdings nur 510 in den Wahllokalen (16 %!), von denen sich 485 für die Zusammenlegung aussprachen. War diese fast beschämend geringe Wahlbeteiligung ein Zeichen für Interesselosigkeit oder Hinweis darauf, daß die Zusammenlegung für die Berchtesgadener kein umkämpftes Problem (wie für die Salzberger), sondern eine begrüßenswerte Selbstverständlichkeit war? Der Zusammenschluß war für den 1. Januar 1972 vorgesehen.

Rechtsgrundlage des Zusammenschlusses war die Entschließung der Regierung von Oberbayern, in der u.a. heißt: „1. Auf Grund des Art. 11 ... der Gemeindeordnung für den Freistaat Bayern ... werden mit Wirkung vom 1. Januar 1972 die Gemeinden Au, Maria Gern und Salzberg und der Markt Berchtesgaden zu einer neuen Gemeinde zusammengelegt. 2. Die neue Gemeinde erhält gemäß Art. 2 ... den Namen ‚Berchtesgaden‘. Das Bayerische Staatsministerium des Inneren hat ... der neuen Gemeinde die Bezeichnung ‚Markt‘ verliehen."

Diese Regierungs-Entschließung traf noch eine Reihe weiterer Entscheidungen, von denen einige nicht uninteressant sind, da nun der neue Markt Rechtsnachfolger der bisherigen Gemeinden war. Solange nicht ein neues Ortsrecht durch die neue Gemeinde erlassen war (es mußten auch ein neuer Gemeinderat und 1. Bürgermeister gewählt werden), galt das Ortsrecht (Satzungen und Gemeindeverordnungen) der bisherigen Gemeinden. Jedoch traten mit dem 1.1.1972 die folgenden Satzungen des Marktes Berchtesgaden in Kraft: Anschluß an die öffentliche Wasserleitung mit Gebührensatzung, Satzung über die öffentliche Entwässerung und über die Müllabfuhr. Außerdem sah die Entschließung noch Bestimmungen u.a. über Dienst- und Arbeitsverträge, Bebauungspläne, Geschäfte des Standesbeamten vor. Eine bittere Pille beinhaltete Art. 9 der Entschließung: „Die bisherigen Gemeindenamen Au, Maria Gern und Salzberg gehen durch die Zusammenlegung der Gemeinden unter, da keine Gemeindeteile gleichen Namens bestehen, die Namen der übrigen Gemeindeteile bleiben unberührt." So die offizielle Festlegung. Im Bewußtsein der Bevölkerung jedoch und in der historischen Betrachtung bleiben die Namen stets lebendig. Altgemeindliche Vereine, die altüberkommenes Brauchtum und Kulturgut pflegen und bewahren, blieben und bleiben in ihrem Aufgabenbereich nach wie vor selbständig, ja geradezu unersetzlich. Ihnen muß nach wie vor, ja mehr denn je, die gemeindliche und staatliche Förderung gehören.

Die Notwendigkeit einer Zusammenlegung, Rationalisierung und Bündelung der Verwaltungsaufgaben ist heute unbestritten. Nicht selten überfordern die heutigen Aufgaben einer modernen Gemeindeverwaltung kleine Gemeindebüros, nicht zuletzt auch aus personellen und finanziellen Gründen. Aufgabe der Gemeinden ist es, Einrichtungen zu schaffen und zu unterhalten, deren der Einzelne bedarf: Straßen und Gehwege, Wasser und Kanalisation, Straßenbeleuchtung und Müllabfuhr, Kindergarten und Schulen, Altersheime, Turnhallen, Sportplätze, Bäder, Wohnungen und kulturelle Einrichtungen. Typische Gemeindeaufgaben sind Ausstellung von Ausweisen, Einwohnermeldeamt, Standesamt, Sozialamt, Friedhofsverwaltung. Ohne Computer, Email, Internet, und sonstige modernste technische Ausstattung, Bedienung und Handhabung geht heute nichts mehr.

Nach dem Zusammenschluß der vier Gemeinden war die Einwohnerzahl des Marktes auf 8.780 gestiegen, inzwischen aber wieder etwas gesunken. Während der Markt vor 1972 eine Fläche von 1,54 qkm besaß, ist die Fläche nun auf 31 qkm angewachsen, vor allem Salzberg mit 13,82 qkm und Au mit 10,91 qkm, aber auch Maria Gern mit immerhin 5,45 qkm erbrachten diesen ungeheuren Zuwachs.

Es gibt keinen Zweifel, die Zusammenlegung der vier Gemeinden war ein Ereignis von höchstem historischen Rang. Eine Organisationsform, die sich in der Stiftszeit als Gnotschaften entwickelt, ab 1810 die Form von selbständigen Gemeinden angenommen hatte, wurde nun, auf freiwilliger Basis, zu einem größeren Verband zusammengeschlossen. Die alten Gemeinden verzichteten dabei auf Eigenständigkeit und Selbstbestimmung, jede dieser drei Gemeinden mußte Opfer bringen. Wenn es auch dabei zum Teil erhebliche Geburtswehen gab, so ist der Vorgang doch in höchstem Grade bewundernswert. Gerade in einem Gebirgsland, mit abgeschlossenen Tälern und Siedlungen, zählen altgewohnte Traditionen doppelt. Der Zusammenschluß zeigt aber auch den Weitblick einer Gebirgsbevölkerung, die oft in Heimatfilmen (leider auch weißblauer Machart) als rückständig dargestellt wird.

Anhang: Überblick (Berchtesgadener Anzeiger vom 4.8.1971, Nr. 144)

	B'gaden	Salzberg	Au	M. Gern	Zusammen
Einwohnerzahl am 11.12.70	4500	2776	1265	475	9016
Zahl der Gemeinderäte	16	16	10	8	20 (neu)
Gemeindegebiet (in ha)	150,64	1381,87	1095,50	545,22	3173,23
Haushaltsplan 1971					
ordentl. Haushalt in DM	5.862.565	1.428.581	679.000	181.000	8.350.146

2. Landkreisreform

Parallel zu den Vorgängen um die Gemeindegebietsreform verliefen Planung und Durchführung der Landkreisreform. Auch diese Reform sollte dem Ziel dienen, die Leistungs- und Verwaltungskraft zu steigern, die Lebensverhältnisse zu verbessern und in Stadt und Land möglichst gleichwertige Lebensbedingungen zu schaffen. Bis zum 1.6.1971 sollten Planentwürfe durch die Landratsämter erstellt werden, zu denen dann die Gemeinden, die benachbarten Landkreise und die kreisfreien Städte Stellung nehmen sollten. Mit der Landkreisreform ging die Planung der Regionalgliederung einher, wobei ein Planungsraum (eine „Region") mehrere Verwaltungsräume (Landkreise) umfaßte.

Nach der Vorstellung der Regierung von Oberbayern sollten die bestehenden 26 Landkreise auf 19 bis 16 reduziert werden, wobei künftig die Einwohnerzahl eines Landkreises zwischen 76.000 und 220.000 schwanken sollte. Es war klar, daß es im Südosten Bayerns zu wesentlichen Veränderungen kommen mußte. Der alte Landkreis Berchtesgaden war gebietsmäßig wie auch nach der Einwohnerzahl viel zu klein. Naheliegend war ein Zusammenschluß mit der Stadt Bad Reichenhall und dem nördlich benachbarten Landkreis Laufen, der allein auch nicht mehr den vorgegebenen Richtlinien entsprach. Natürlich tauchten auch bei dieser an sich einfachen Sachlage verschiedene Probleme auf, über die diskutiert und auch heftig gestritten wurde: Wie soll der neue Landkreis heißen, wohin sollte das Landratsamt kommen, sollten nur Teile oder alle Gemeinden des Landkreises Laufen zum neuen Landkreis geschlagen werden? Staatssekretär Erich Kiesl vom bayerischen Innenministerium sprach sich zwar für den Namen Berchtesgaden aus, hielt aber als Sitz des neuen Landratsamtes Laufen für durchaus denkbar - bei der geplanten Erstreckung des neuen Landkreises eine geradezu absurde Vorstellung. Besonders auch, wenn man - wie geschehen - diese Reform als notwendigen Schritt zu einer „größeren Bürgernähe" sah. Dabei war überhaupt nicht entschieden, ob nicht die nördlichen Gemeinden mit Tittmoning dem Landkreis Altötting angeschlossen werden mußten. Daß gegen einen möglichen Landkreis-Sitz Laufen in Berchtesgaden heftig angekämpft wurde, und man sich für einen Sitz in Berchtesgaden stark machte, kann man sich denken. Selbst der Plan eines Groß-Landkreises Traunstein mit Berchtesgaden war im Gespräch. Alles das gab Anlaß genug, daß sich Landrat Dr. Müller und Bürgermeister Martin Beer auf den Weg nach München machten und im Innenministerium die Berchtesgadener Belange und Interessen vertraten. Es wurde ihnen zugesagt, ihre Argumente nochmals zu prüfen; außerdem stellte man fest, daß es sich bei allen kursierenden Plänen und Vorstellungen nur um unverbindliche Gedankenspiele handelte und kein endgültiges Konzept vorhanden sei.

In Berchtesgaden schlugen nun trotzdem die Alarmglocken. Es hieß, es sei eine Minute vor zwölf. Berchtesgaden werde die Zeche bezahlen müssen. Die Bevölkerung wurde aufgerufen, für ein eigenes Landratsamt zu kämpfen, vor allem sollten die Weihnachtsschützen für ihr Brauchtum und gegen den Landkreissitz Laufen eintreten. Auch Ministerpräsident Franz Josef Strauß wurde um Unterstützung gebeten, und er sagte seine Hilfe zu. Das Innenministerium selbst war ohne festen Plan und ohne eigene Lösungsvorstellung, und das zeigte sich am deutlichsten, als der Innenminister Merk erklärte, an eine Zerstückelung des Laufener Landkreises sei nun nicht mehr gedacht, und daß er überhaupt für die Erhaltung dieses Landkreises sei. Also, es herrschte ein heilloses Durcheinander der Ansichten und Pläne, der Meinungen und Konzepte. Jedes bisherige Zentrum - Berchtesgaden, Bad Reichenhall, Freilassing und Laufen - suchte speziell für sich selbst Vorteile herauszuschlagen. Dabei stellte niemand, weder Stadt- und Gemeindegremien noch die Parteien die Landkreisreform wirklich in Frage. Seit den ersten Gedankenanstößen zu dieser Reform 1970 war jetzt im Juli 1971 noch alles unklar und offen und Gerüchte und Parolen schwirrten von Mund zu Mund und durch die Presse.

Es setzte sich nun allerdings mehr und mehr die Vorstellung durch, daß der neue Landkreis die südlichen Gemeinden und die Stadt Laufen des alten Landkreises Laufen mit einschließen würde, und daß der Sitz des Landkreises die nun nicht mehr kreisfreie Stadt Bad Reichenhall werden sollte. Die Abgabe des Landratsamtes war für Berchtesgaden natürlich ein schwerer Verlust, aber auch auf andere Behörden mußte Berchtesgaden Verzicht leisten, so auf das Gesundheitsamt und auf das Amtsgericht, und auch die Berufsschule mußte Berchtesgaden verlassen und nach Freilassing umziehen. Schwerer noch traf es den Landkreis Laufen, der zerschlagen und aufgeteilt wurde.

Es entstand ein schmaler, langgestreckter Landkreis, dessen Nord-Südausdehnung sich über 80 km erstreckte. Für diese Lösung sprachen sich im Anhörungsverfahren in der Mehrzahl die Gemeinden aus, und auch der Kreistag beschloß diese sog. Variante I, allerdings jeweils unter der Voraussetzung, daß der Name des neuen Landkreises „Berchtesgaden" bleibt. Damit aber war noch nichts entschieden. Das war ja nur das Votum im Berchtesgadener Landkreis, der Landkreis Laufen gab seinen Widerstand gegen seine Zerschlagung natürlich noch nicht auf und kämpfte weiter mit allen Mitteln für seine

Erhaltung (was auch zu verstehen ist!). Letzten Endes blieb es bei der Aufteilung des Landkreises Laufen, wobei Tittmoning mit einer Reihe von Gemeinden dem Landkreis Traunstein, die alte Stadt Laufen mit den Bereichen Freilassing und Teisendorf dem neuen Landkreis Berchtesgaden zugeteilt wurden. Ab 1. Juli 1972 gab es nun diesen neuen Landkreis. Der bayerische Ministerrat bestimmte im Februar 1973 - so lange zogen sich Diskussion und Streit noch hin - Namen und Sitz dieses Landkreises: Er erhielt nun den Namen „Berchtesgadener Land" mit Sitz des Landratsamtes in Bad Reichenhall.

Gleichzeitig mit der Landkreisreform wurde das Landesentwicklungsprogramm durchgeführt und verabschiedet. Es wurde am 1. September 1973 in Kraft gesetzt. Das Kernstück dieser Landesplanung war die Festlegung bzw. Bildung sog. „zentraler Orte", in denen auch die Bewohner aus der Umgebung überörtliche Versorgungseinrichtungen finden. Als sogenannte Mittelzentren wurden Berchtesgaden, Bad Reichenhall und Freilassing eingestuft. An der wirklichen Bedeutung des Marktes Berchtesgaden hat sich nichts geändert, er blieb der Bezugspunkt des inneren Landkreises.

Das Berchtesgadener Wappen

Berchtesgaden, obwohl schon 900 Jahre alt, besitzt sein Wappen erst seit relativ kurzer Zeit. Langjährige Bemühungen waren vorausgegangen, bis endlich Ende Dezember 1891 das Bayerische Staatsministerium des Inneren die Führung des Wappens genehmigte.

Dieses Wappen wird wie folgt beschrieben: Das Wappen ist geviertelt, in der Mitte ein Herzschild mit den bayerischen Rauten, das auf die Landeszugehörigkeit hinweist.

Die beiden Felder - vom Betrachter aus gesehen links oben und rechts unten - zeigen auf rotem Grund je zwei Schlüssel, von denen der goldene (Bindeschlüssel) nach links oben gerichtet über dem silbernen (Löseschlüssel) liegt. Diese Schlüssel erinnern an den ersten Kirchenpatron der Stiftskirche, Petrus (und Johannes) und die unmittelbare Verbindung des Stiftes mit Rom.

Die beiden Felder rechts oben und links unten zeigen je 6 silberne Lilien auf blauem Grund aus dem Wappen der Mitstifterin Gräfin Irmgard von Sulzbach (im blauen Feld links unten ist eine Lilie durch das Herzschild verdeckt).

Seit dem 18. Jahrhundert wurde dieses geviertelte Wappen von der Fürstpropstei Berchtesgaden geführt; lediglich an Stelle des Herzschildes mit den bayerischen Rauten war das persönliche Wappen des Propstes eingefügt.

Während die Zuordnung und Bedeutung der Wappenschlüssel klar und eindeutig ist, trifft das für die Lilien nicht so ganz zu. Lilien sind, vielleicht neben den Rosen, die wichtigste und häufigste Wappenblume. Die Berchtesgadener Lilien werden mit dem Geschlecht der Grafen von Sulzbach, ja sogar mit dem Wappen der französischen Könige in Zusammenhang gebracht. Die Lilie galt als Sinnbild der Unschuld und Reinheit, auch der Gotteskindschaft und des Heiligen Geistes. 1179 erscheint die Lilie zum erstenmal im Wappen der französischen Könige - mit denen natürlich Berchtesgaden nichts zu tun hat. Aber auch mit den Sulzbachern ist die Sache problematisch. Der letzte Graf von Sulzbach Gebhard II. starb 1188, in einer Zeit, in der sich das Wappenwesen erst entwickelte. Ob dieser Gebhard bereits ein solches Wappen führte, ist nicht bekannt. Graf Berengar I. von Sulzbach (gest. 1125), Sohn der Gräfin Irmgard (gest. 1101), die in erster Ehe mit dem Grafen Engelbert verheiratet war, stattete seine Gründung Berchtesgaden nicht mit Sulzbacher Eigengütern aus, sondern mit Gütern, die seine Mutter von ihrem ersten Gemahl als Witwengabe geerbt hatte. In einer Expertise des Bayerischen Hauptstaatsarchivs München von 1926 wird daher gefolgert, daß die Aufnahme der Lilien ins Berchtesgadener Wappen „geschichtlich nicht berechtigt gewesen" sei. Von dieser etwas extremen Auffassung abgesehen, gehen die 6 Lilien sicher auf das Wappen der Sulzbacher zurück, welche die Lilien auf rotem Grund führten, und der Grafen von Kastl, die sechs Lilien auf blauem Grund hatten. Rot und blau - die Farben Berchtesgadens. In Berchtesgaden treten die sechs silbernen Lilien auf blauem Grund zum erstenmal im Amtswappen des Stiftspropstes Cajetan Anton v. Notthaft (1732-52) in Erscheinung. Das Berchtesgadische Wappen dieses Fürstpropstes war - bis auf das Herzschild, welches das Familienwappen der Notthaft war - sonst wie das heutige Berchtesgadener Wappen und sicher das Vorbild und die Grundvorlage dafür.

Da die Marktgemeinde Berchtesgaden kein eigenes Wappen besaß, stellte sie 1868 den Antrag um Genehmigung und Führung eines eigenen Wappens. Es war im wesentlichen das heutige Wappen, das in Vorschlag gebracht wurde. Obwohl dafür eine überzeugende und dokumentierte Begründung vorlag, kam man damit bei der Regierung an die falsche Adresse. Diese lehnte dieses Wappen ab und argumentierte „nach im k. Reichsmuseum angestellten umfassenden Erhebungen", daß dieses Wappen einst das Wappen des Fürstentums Berchtesgaden war und „dieses in das Eigentum des bayerischen Staates übergegangen ist ..." - es könne also nicht das Wappen Berchtesgadens werden.

Die Regierung machte jedoch einen Gegenvorschlag, der auf einer Recherche des Archivrates Joseph Lipowsky fußte. Dieser hat-

Berchtesgadener Wappen unter Fürstpropst
C.A. v. Notthaft

te in einer im Jahre 1812 abgefaßten Matrikel der Städte und Märkte im k. Reichsarchiv (Wappen im Königreiche Bayern Bd I fol. 153) eine Abbildung des Marktwappens von Berchtesgaden gefunden mit folgender Beschreibung: „Das Wappen des Marktes Berchtesgaden ist der hl. Andreas mit einer blauen Tunik, und einem gelben (?) Mantel. In der rechten Hand hält er ein schwarzgebundenes Buch, in der linken aber ein hölzernes Kreuz. Die Unterschrift dieses Wappens ist: Gemainer Land und Bürgerschaft Berchtolsgaden Sigel. Innerhalb der Umschrift steht rechts neben dem Bilde S. ANDREAS, links A: 1639. Der Ursprung dieses Wappens kann nicht angegeben werden." - Die Gemeinde jedoch stellte fest, daß dieses Wappen „von der Marktgemeinde Berchtesgaden selbst nie geführt" wurde, es scheint vielmehr, „daß dasselbe für die zur Pfarrgemeinde gehörigen Gemeinden oder für den sogenannten Pfarrdistrikt, umfassend den Markt und 6 Landgemeinden, bestimmt war." Die Marktgemeinde lehnte also diesen Vorschlag ab.

Die nächste Runde in dem Bemühen um ein eigenes amtlich anerkanntes und genehmigtes Wappen fand 1888 statt. Folgen wir dem Sitzungsprotokoll des Magistrats Berchtesgaden vom 27. November 1888: Der Bürgermeister Kirchmayer berichtete den Magistratsräten: „Nachdem seit Aufhebung der gefürsteten Propstei der Markt Berchtesgaden kein eigenes Wappen besitzt, wandte man sich an den Kgl. Archivar Ernst v. Destouches in München mit der Bitte, eine historische Tatsache auszumitteln, wodurch die Creierung eines Wappens motiviert erschiene. In einer Rückantwort des Genannten vom 10. ds. erklärte derselbe, daß weder in Archiven noch Bibliotheken sich irgendwelche Anhaltspunkte für eine ehedem erfolgte Verleihung eines Wappens ... auffinden lasse; es erübrige daher nur für den Markt ein neues Wappen zu schöpfen, welches des historischen Hintergrundes nicht entbehren sollte. Nach weiterer Ausführung bringt derselbe folgendes Wappen in Vorschlag, von welchem eine Abbildung beigelegt ist." Der Münchner Archivar fügte auch eine Beschreibung seines Vorschlags bei: „Das Wappen bestände aus einem auf einem Marmorschilde ruhenden quergeteilten deutschen Schild, dessen oberes rotes Feld mit zwei in Andreas Kreuzform übereinander aufwärts geschränkten Schlüsseln mit auswärts gekehrten Schließblättern, davon der zur rechten golden und der zur linken silbern belegt ist, während in der unteren blauen Feldung gleichfalls gekreuzt Bergmannshammer und Haue in ihren natürlichen Farben erscheinen."

Destouches legte seiner Schilderung auch noch eine Begründung für seinen Vorschlag bei, und auch sie mag im Wortlaut angeführt werden: „Während also das obere Feld die historische Reminiszenz an das ehemalige ge

fürstete Reichsstift darstellt, sollen Figuren und Tinktur der unteren Feldung nicht bloß überhaupt an Berchtesgadens Bergbau und Salinenwesen erinnern, sondern besonders auch zum symbolischen Ausdruck bringen, daß seiner Bergknappen fleißiger Schachtarbeit tief in seinen zum ewigen Himmelsblau aufsteigenden Bergen auch der Markt Berchtesgaden nicht zum geringsten Teil sein Emporblühen zu verdanken habe. Beider Feldungen Tinkturen zusammen aber Rot und Blau würden alsdann auch künftig und für alle Zeiten des Marktes Berchtesgaden Farben darstellen, wie solche seither schon dort geführt worden sind."

Man muß zugeben und bekennen, daß sich Destouches wirklich Gedanken um ein neues Wappen für Berchtesgaden machte und daß sich alles recht hübsch anhörte und ansah. Die Magistratsräte beschlossen denn auch einstimmig, das Wappen in dieser Form anzunehmen. Da in Berchtesgaden ein „Zweikammern-System" herrschte, mußte auch die zweite Kammer, das Collegium der Gemeindebevollmächtigten, zustimmen. Nach einigem Hin und Her (das Collegium wollte noch weitere Entwürfe sehen, die aber nicht zu bekommen waren), erfolgte auch hier die Billigung. Trotz dieses Consenses der beiden Gremien erfolgte in den nächsten zwei Jahren gar nichts. Ein neues Gesuch der Gemeinde an das Bezirksamt mit dem alten Wappenvorschlag wurde von dieser vorgesetzten Behörde abgelehnt. Man war wieder soweit wie vor 20 Jahren.

In dieser offenbar völlig aussichtslossen und frustrierenden Situation kam irgend jemand auf einen fast genialen, wenn auch etwas gewagten Gedanken: warum sich nicht direkt an den Prinzregenten wenden, den besonderen Freund und Gönner Berchtesgadens? Gesagt, gewagt. So erhielt nun Prinzregent Luitpold unter Umgehung aller Dienststellen ein Schreiben vom 17.7.1891: Der Magistrat Berchtesgaden „wagt es Eurer Königlichen Hoheit nachstehende Bitte in allertiefster Ehrfurcht zu unterbreiten …" Die Bitte um die Erlaubnis zur Führung des Wappens mit den Schlüsseln und Lilien wurde „von dem freudig stolzen Bewußtsein getragen, daß Eure Königliche Hoheit dem Berchtesgadener Land mit größter Huld und Gnade von jeher zugetan waren." Die Unterschrift unter das lange, lange Schreiben, das den gesamten Sachverhalt und die Vorgeschichte aufführte, lautete: In tiefster Ehrfurcht / Euer Königlichen Hoheit / alleruntertänigst treugehorsamster / Magistrat des Marktes Berchtesgaden / Schwarzenbeck.

Und nun ging es wie geschmiert: Das Staatsministerium des Inneren und das Bezirksamt Berchtesgaden zeigten ihr Interesse und kamen der Marktgemeinde positiv und hilfreich entgegen. Es sollte ein neuer Wappenentwurf eingereicht werden, der die Schlüssel auf den Feldern 1 und 4 (nicht wie vorgelegt auf 2 und 3) zeigt. Die neue Zeichnung sei „in tunlichster Bälde" wieder in Vorlage zu bringen. Und so erhielt die Gemeinde, mit Datum vom 19. Dezember 1891, das so sehnlich erwartete und so lange gewünschte ministerielle Schreiben:

Im Namen seiner Majestät des Königs.
Seine Königliche Hoheit Prinz Luitpold, des Königreichs Bayern Verweser, haben unterm 15. ds.Mts allergnädigst zu genehmigen geruht, daß die Marktgemeinde Berchtesgaden, k. Bezirksamtes daselbst, hinfort ein der anruhenden Skizze B, in welcher die Stellung der Schlüssel (der goldene über dem silbernen) und die Form der Lilien heraldisch richtig gestellt wurde, entsprechendes Wappen führe." - Was lange währt, wird endlich gut! Oder: Ende gut, alles gut!

Das ist auch das Ende dieses zweiten Bandes der „Berchtesgadener Geschichte(n)". Ziel des Autors auch bei diesem zweiten Teil war es, ein Buch zu schreiben, das gut, manchmal vielleicht sogar spannend, mitunter auch amüsant, zu lesen ist, dabei aber immer auf seriöser wissenschaftlicher Forschung beruht. In zahlreichen Einzeluntersuchungen, unterstützt durch eine überaus reiche Bebilderung, wurden viele Kapitel der heimatlichen Geschichte, vor allem der Ortsgeschichte, behandelt. Der Leser sollte unmittelbar teilhaben am historischen Geschehen, er sollte nicht fertige Geschichte vorgesetzt bekommen, sondern miterleben, wie Geschichte entsteht. Ernsthafte geschichtliche

Darstellung hat immer mit der Wahrheit zu tun. Ingeborg Bachmann sagte einmal (sicher in anderem Zusammenhang): „Dem Menschen kann man die Wahrheit zumuten." Vielleicht sollte man im Hinblick auf die Geschichte sagen: Der Mensch muß die Wahrheit erfahren. - Berchtesgadens Geschichte vermittelt uns in vielen Bereichen interessante, mitunter betroffen machende, aber auch tröstliche und ermutigende Wahrheiten.